城市创新空间发展新模式：

山东创新城区建设研究

● 孙秀亭 主编

山东科学技术出版社

图书在版编目（CIP）数据

城市创新空间发展新模式：山东创新城区建设研究 / 孙秀亭主编．—济南：山东科学技术出版社，2018.3
ISBN 978-7-5331-9432-1

Ⅰ．①城…　Ⅱ．①孙…　Ⅲ．①城市建设—研究—山东　Ⅳ．① F299.275.2

中国版本图书馆 CIP 数据核字（2018）第 047739 号

城市创新空间发展新模式
山东创新城区建设研究
孙秀亭　主编

主管单位：山东出版传媒股份有限公司
出　版　者：山东科学技术出版社
地址：济南市玉函路16号
邮编：250002　电话：(0531) 82098088
网址：www.lkj.com.cn
电子邮件：sdkj@sdpress.com.cn
发　行　者：山东科学技术出版社
地址：济南市玉函路16号
邮编：250002　电话：(0531) 82098071
印　刷　者：日照梓名印务有限公司
地址：山东省日照市莒县城区潍徐南路西侧
邮编：276500　电话：(0633) 6826211

开本：787 mm × 1092 mm　1/16
印张：11.25
字数：195 千
印数：1~1500
版次：2018 年 3 月第 1 版　　2018 年 3 月第 1 次印刷

ISBN 978-7-5331-9432-1
定价：45.00 元

本书为2016年度山东省软科学研究计划重点项目《山东创新城区建设路径与对策》（编号：2016RZE30001）、山东行政学院2017年度创新工程科研咨询创新项目《创新城区建设路径与模式研究——以山东省为例》（编号：2017KY024）的最终研究成果，以及山东行政学院2015年度重点科研课题《智慧城市建设与新型城镇化融合发展研究》（编号：YKT201516）的阶段性研究成果。

前言

创新是国家和民族发展的永恒主题，人类进步和国家发展都离不开创新。习近平总书记强调，“要深入实施创新驱动发展战略，推动科技创新、产业创新、企业创新、市场创新、产品创新、业态创新、管理创新等，加快形成以创新为主要引领和支撑的经济体系和发展模式。”

经过30多年的改革开放，中国经济保持了前所未有的高速增长，成为世界第二大经济体，取得了举世瞩目的成就。但在经济高速发展的同时，伴随而来的问题也很多。在经济进入新常态，资源、环境约束日趋严峻的形势下，过去主要依靠要素投入、低成本的劳动力和牺牲资源环境的粗放式发展方式越来越难以持续，这就倒逼着我们要转变发展方式，寻找新的经济增长动力，而创新就是最核心的动力。转变发展方式，就是要通过技术创新、制度创新、管理创新、文化创新等各种创新，实现新旧动能转换，推动和引领经济社会的发展。党的十九大报告指出，“我国经济已由高速增长阶段转向高质量发展阶段，正处在转变发展方式、优化经济结构、转换增长动力的攻关期，建设现代化经济体系是跨越关口的迫切要求和我国发展的战略目标。”建设现代化经济体系要求必须着力构建以企业为主体、市场为导向、产学研相结合的区域创新系统，坚持走创新驱动和内生增长之路。创新城区是近年来国际国内区域创新发展的新趋势和新实践，是建设现代化经济体系，推动转变发展方式、建设创新型国家、提高自主创新能力的重要载体和平台，推进创新城区建设无疑具有重要的实践意义和示范效应。

山东是经济大省，经济总量稳居全国前列。但从经济社会发展的路径和模式角度看，山东创新引领的理念和创新发展的水平与先进省份相比还有差距，必须加快新旧动能转换，推动经济转型升级。尤其是区域和城市创新的系统结构和动力机制，还需要努力探索，形成非常成熟有效的体系和模式。创新城区作为区域创新发展的新趋势、新模式、新实践，可以成为区域创新系统的落脚点和有效路径，有利于推动新旧动能转换的重大工程实施，建设现代化经济体系，加快创新型省份和创新型城市建设。

近年来，山东行政学院紧紧围绕省委、省政府的中心工作，以“研究山东、服务山东”为导向，开展教学科研咨询工作，努力提升教学培训、科学研究和决策咨询水平，助推山东经济文化强省建设和新旧动能重大工程实施。本书作为学院承担的山东省软科学重点项目《山东创新城区建设路径与对策》、学院2017年度创新工程科研咨询项目《山东省创新城区建设模式与对策》及学院2015年度科研课题《智慧城市建设与新型城镇化建设融合发展研究》的研究成果，从政策高度和理论源头对创新城区进行系统研究。全书各章节概要如下：第一章梳理创新城区的相关理论，阐明创新城区的概念、内涵、模式和体系；第二章和第三章分别介绍国际、国内创新城区建设的实践做法；第四章回顾山东创新发展历程和推进创新城区建设的重要意义；第五章介绍山东省内部分城区创新城区建设的探索实践；第六章提出山东创新城区建设的总体思路、实施路径和政策建议。

期望本书的出版，能够为各级政府推进创新型城市（区）建设和创新型省份建设提供决策参考，并为行政学院教学、科研、咨询工作开展和水平提升贡献力量。同时，也希望本书能引起有关专家学者和研究者批评和讨论，以推动相关领域深入研究。

编　者

2017年12月

目录

第一章　创新城区的理论基础

第一节　创新城区的相关理论

一、熊彼特创新理论

第一次工业革命以来，技术发生了巨大的变革，对于推动现代经济增长起到了重要作用。而最早开始从技术及经济角度来解释创新，进行理论探讨的是奥地利经济学家约瑟夫·熊彼特，他于 1911 年出版《经济发展理论》一书，首次提出了独具特色的创新理论，将经济学从静态引向动态，一举奠定了其在经济思想发展史研究领域的重要地位。

（一）熊彼特关于创新的概念

在熊彼特看来，创新不仅仅单纯指的是发明专利或技术变革，而是有着更广泛的内涵。他认为创新本质上就是创造一种新的生产函数，是一种生产过程中所有投入要素的重新排列组合，既可以是量的改变，也可以是质的提升。“企业家”作为企业的“灵魂”，要实现“创新”，就要引进“新组合”；实施“新组合”的目的是尽最大可能获取利润，在此过程中众多企业的非连续性和非均衡性的创新活动叠加使得经济活动呈现出周期性波动，由此形成经济周期。

熊彼特认为，我们所说的发展，指的就是“实施新组合”。实施新组合包括以下五种情况：

1. 一种新产品问世。产品品质升级或产品功能的重新排列组合。

2. 一种新的生产方法应用于生产。可以是对已有的流水线进行改造或引进一种在本生产系统尚未使用的生产工艺，为激励创新精神，特别强调在每一特定的范围内的首次使用。

3. 新销售市场的开拓。这种新的销售市场可以是产品之前没有进入的市场，不管这个市场以前是不是存在。

4. 原材料或半成品新来源。新来源并非是被创造出来的，而是现有的原材料或半成品与新来源产生新的联系。

5. 一种新组织形式的运用。在工业化时代，往往是指垄断或半垄断地位的建立；在知识经济时代，主要是指组织的扁平化或一种新的组织联系方式被运用。

（二）熊彼特创新理论的基本观点

企业家的职能就是进行创新，引进新的组合。而所谓经济发展就是指整个资本主义社会不断地实现新的组合。资本主义就是一种“经济变动的形式或方法”，即所谓“不断地从内部革新经济结构”的“一种创造性的破坏过程”。[1]

1. 创新是生产的内生变量。熊彼特认为“创新更多的是从内部演变而来，是一种自发的行为。”在熊彼特之前，经济学界认为资本和劳动力数量的变化是导致产出量变化的主要因素，随着蒸汽机等使用，理论界开始认识到创新这种伟大的生产力，是引起经济变化的重要内生变量。

2. 创新是一种颠覆性变化。经济学界认为资本和劳动力等与产出量的变化呈线性关系，两者的改变只会引起产出量成比例增加，而通过创新，生产将出现颠覆性的变化，这种变化主要体现在产量大规模跃升以及品质巨大提升。

3. 创新同时意味着毁灭。创新就意味着一种新事物代替旧事物、一种新的生产方式代替旧的生产方式，旧的事物或生产方式在新生事物或新的生产方式面前往往有一种阻碍作用，因此旧的事物或生产方式在创新过程中必然面临消亡，创新更多是以一种自我更新的方式，对经济实体进行质的提升。

4. 创新以一种新价值形式出现。熊彼特认为，发明创造只有与经济活动相结合，才能发挥出巨大的效力。先有发明，后有创新；发明是新工具或新方法的发现，而创新是新工具或新方法的应用，这种应用必须具有新的经济价值。创新理论所探讨的价值因素无论是对于理论研究，还是指导实践，都具有重要意义。

5. 创新对经济发展来说是有质量、有效益的，“增长”与“发展”是两个不同的概念，经济增长是由人口和资本的增长所导致的，发展可以定义为执行新的组合。从一定意义上讲，发展比增长更具有价值，增长强调要素驱动，而发展是创新驱动，创新是发展的本质规定。

---

[1] 熊彼特 .EMBA 百科 . http://emba.h.baike.com/.

6. 熊彼特将实施新组合的举动称为“创业”，将实施新组合的人称为“企业家”。“企业家”精神是创新动力之源，企业家是创新的主体，其主体职能是以一种“新组合”的方式来实现企业的发展。

基于以上分析，熊彼特阐释了资本主义经济周期的内在逻辑，经济周期的波动在很大程度上源于“创新”元素的多样化组合。熊彼特开启了从经济活动内部探寻经济增长的视角，从创造性破坏的角度解释了老企业的淘汰和新企业的崛起是一个创新要素重新优化、重新提质增效的过程，创新要素内部排列组合的多样性，是影响经济周期性波动、变化的重要因素。熊彼特的经济理论体系的一个主要特点，就是以创新这个核心因素来解释经济发展的基本规律，从经济体系和经济运行的内部寻找推动经济增长、社会进步、历史发展的深厚基础和本质动因。

（三）熊彼特创新理论的发展

在熊彼特之后的创新理论研究过程中，许多学者、专家以及相关的研究机构对于创新的概念都提出了不同的见解。1954 年，管理大师彼得·德鲁克首次在管理领域中使用了“创新”，他在《管理的实践》（The Practice of Management）一书中写道，“创新是赋予资源新能力的活动，并使资源创造出财富，它是专属于企业家的工具。任何现存资源的财富创造潜力发生改变的行为都可以称为创新”。弗里曼（1982）认为，创新是指“一个新产品或新工艺首次引进过程中所包含技术、设计、生产、财政、管理等步骤”。达曼普尔（1987）认为创新可能是一个新的产品或服务、新的生产流程或技术、新的管理系统、新的计划或程序。安德鲁·万蒂温（1999）就认为“对于某个想法，只要相关人员觉得它是新的，即便其他人可能认为它仅仅只是对已经存在事物的模仿而已，依然可以称之为一个‘创造性想法’”。[1]

20 世纪 50 年代以来，新技术革命的兴起推动了技术的长足进步和经济的快速增长，由此引发了学术界对技术创新理论的系统研究，发展出西方经济学的两个重要分支，即技术创新经济学和制度创新经济学，形成了“新熊彼特主义”。两者分别从不同的视角分析研究创新对经济增长的作用：技术经济学以门施为代表，以技术变革和技术推广为研究对象，着重分析和强调技术创新在经济增长中的作用；后者以弗里曼、纳尔逊等为代表，以制度变革和制度形成研究对象，注重制度创新在经济增长中的作用。

20 世纪 80 年代中期以来，以罗默 (Romer,1986)、卢卡斯 (Lucas,1988) 为代表的新增长理论 (New Growth Theory) 兴起，极大地丰富和发展了经济增长理论。新增长

[1] 刘为．大学科技园创新效率评价研究 [D]. 苏州：苏州大学 ,2015.

理论突破了新古典增长理论 (Neoclassical Growth Theory) 关于技术进步外生性的假设，强调技术进步是内生的，资本积累和创新都是促进技术进步和经济增长的重要力量。[1] 罗默（1990）等将创新、研发与内生经济增长联系起来，提出了内生的研发和创新推动经济增长的作用机制，从而奠定了熊彼特增长理论的基础。

二、国家创新系统理论

关于国家创新体系（National Innovation System）的概念最初在 20 世纪 80 年代出现，由英国苏塞克斯大学教授弗里曼（Chris Freeman，1987）提出，他在“日本，一个新的国家创新系统？”一文中首次使用了“国家创新系统”一词来分析日本的国家创新系统，解释了日本的成功经验。根据这种观念，一个国家的企业技术创新能力是其竞争力的主要来源，这种能力是体现在国家意义上的，也是可以通过国家行为来建设和发展的。

（一）国家创新系统概念

弗里曼认为国家创新体系是“公共部门与私人部门的制度网络，两者的活动与互动产生、引进、改进并且传播新技术”。[2] Lundvall 提出广义的国家创新体系概念，即“经济结构的方方面面与影响学习、探索以及探究的各种制度”（Lundvall，1992）。Nelson（1993）指出创新体系是“一系列制度，而制度间的互动决定国内企业的创新绩效”，其中最重要的是支持研发的制度。Metcalfe（1995）指出国家创新体系是“一系列制度共同或单独地促进新技术的发展与传播，并且为政府提供框架以制定并实施政策，进而影响创新过程。”而 Edquist 则对创新体系持有更广义的理解，即“所有重要的经济、社会、政治、组织、制度因素及其他影响创新发展、传播以及应用的因素。”

综合上述观点，国家创新系统是指在一国家特定的制度、环境和资源条件下，由从事经济活动和科技发展的组织与有关政府部门、中介服务机构相互作用而形成的创新网络。技术创新理论、人力资本理论和新增长理论是国家创新系统的三大理论基础，国家创新系统理论对技术创新理论、人力资本理论和新增长理论进行了创新性发展，更重要的是引入了知识变量这个重要的因素，其特点在于重视对知识储存、转化，并将其作为国家创新系统的重要活动。

---

[1] 严成樑，龚六堂．熊彼特增长理论：一个文献综述 [J]. 经济学（季刊），2009,8(03):1163-1196.

[2] 理查德·R·纳尔逊：美国支持技术进步的制度；克里斯托弗·弗里曼：日本：一个新国家创新系统？载 G·多西等主编《技术进步与经济理论》经济科学出版社，1992 年版。

与国家技术创新系统相比，国家创新系统突出强调教育系统的地位和作用，把国家创新系统扩展到全部教育领域，强调了创新基础设施的重要性，更加重视国际合作和交流。这些变化都反映出世界经济向知识化和全球化方向发展的趋势。

（二）国家创新系统的理论内涵

国家创新系统立足于技术创新，重视人力资本、经济增长在国家创新系统中的重要作用。在当今知识经济时代，知识创造、技术创新的能力决定了一个国家的竞争能力，信息、知识和人力资本成为经济增长的动力和源泉，有关研究表明，国家竞争能力与其本国的知识创造能力以及知识运用能力呈现明显的关系。

国家创新系统涵盖政、产、学、研、用以及中介组织，是一个复杂的生态系统。从国家发达程度来考察国家创新系统会发现，国家经济发展程度与企业科技投入和科技支出呈明显正比例关系，从纵向时间轴来看，企业研发投入和支出对于政府科技投入和支出形成明显替代效应。

国家创新系统由行为主体、内部运行机制、主体之间的联系、政策、环境等组成。古语说："小智治事，中智治人，大智治制。"在国家创新系统中，行为主体的运行机制影响着国家创新系统的效率。行为主体间有效的联系和合作，有助于规避风险、降低成本、在质和量上提升创新。市场环境是企业创新活动的基本背景，市场的国际化程度、法治化程度和运行的有效性影响国家创新活动的规模和效益，是参与国际竞争、开展国际经营的重要依靠。

国家创新系统的主要作用和功能，是促进新知识和新技术的生产、扩散和应用。具体来讲，国家创新系统具有创新活动的评估和执行、创新资源（包括人力、财力、信息资源等）的供给和配置、创新制度与创新政策的制定、创新基础设施的建设等功能。[1]

（三）国家创新理论的发展

在上述观点和成果的基础上，学者们从创新来源、制度（组织）、互动性学习、社会资本等方面对国家创新体系作了进一步的研究，提出了国家创新体系的一些实用型观点（Hart，2009）。Lundvall 强调非研发基础型创新的作用。Pavitt（1984）强调了创新在行业定位——上游或下游——中的多样性。欧盟创新调查中，Mairesse 与 Mohnen（2010）的分析表明，比起研发，大部分创新公司更多依赖于非研发性来源（如购买机器、培训员工或设计等）。制度是国家创新体系概念的核心，Edquist

---

[1] 马飞虹．社会经济系统模型及建模方法述评（下）[J]. 计算机仿真 ,2012,29(08):1-5.

和 Johnson（2000）介绍了对创新体系具有重要作用的不同制度的分类学。Arundel（2007）、Bercovitz 和 Feldman（2006）的研究表明，对互动性学习的强调为创新理论体系和人力资源管理概念及体系建立了联系，劳动力市场制度以及人力资源制度的特别作用在总体层面上提高了公司的学习能力并且促进了公司的发展。对创新生产重要作用的不仅仅只有正式制度，社会资本对创新的发展也具有激励作用。Knack 和 Keefer（1997）阐释了不同国家的共同点——拥有更高信任程度的国家创新程度更高。创新是一个重要渠道，社会资本通过创新能够促进收入增长。

20 世纪 80 年代晚期到 90 年代早期，国家创新体系的政策关注点拓展到更广泛的“知识与创新体系”，在此背景下，Abramovitz（1986）介绍了技术一致性与社会能力的概念，借此探讨赶超国家的“吸收能力”。技术一致性是指领先国家与赶超国家在市场规模与要素供应上特点一致的程度，社会能力是落后国家为实现赶超做出的不同努力以及拥有的不同能力，如提高教育、基础设施以及技术能力。从这个角度出发，四个因素对国家创新体系的运作十分重要而且必要，即人力资本投资、研究能力、学习网络和对新技术新产品新设计的吸收能力。

进入 21 世纪，随着知识流动的全球化和国际研究的迅速发展，国家创新体系的概念受到了挑战，在过去的十余年间，许多发展迹象表明，国际层面的积累在促进经济增长方面有特殊的重要性。正如 David 和 Foray（2002）强调的，数字技术的出现，尤其是便捷廉价的宽带接入，世界范围内互联网与移动通信的普及有助于侧重扩散速度更快的最佳实践技术。国家创新体系政策框架在多大程度上仍然有效，国家创新体系研究如何适应形势的需要转向国际创新体系研究，正是现今学者们面临的一个重大问题。

表 1–1　国家创新系统演变的三个阶段[1]

阶段	名称	时代	特点	参考文献
第一阶段	国家技术创新系统	工业经济时代，20世纪40~80年代	强调技术流动及相互作用	弗里曼（1987）、纳尔逊（1993）
第二阶段	国家创新系统	从工业经济向知识经济转移的过渡时期，20世纪90年代以来	强调技术及知识创新、扩散、应用及人员流动	伦德瓦尔（1992）、麦特卡尔夫（1995）、OECD（1997）

[1] 张凤，何传启．国家创新系统——第二次现代化的发动机［M］．北京：高等教育出版社，1999,3, 9-10,76-77。

续表

阶段	名称	时代	特点	参考文献
第三阶段	国家知识创新系统	知识经济时代，21世纪	强调知识创新及新知识高效运用	美国国家研究理事会（1996）、罗杰斯（1996）

三、区域创新系统理论

随着全球化的发展，从经济层面上来看，经济发展的“国家状态”开始逐步让位于“区域状态”，区域在真正意义上成为一个独立的经济利益体，于是创新系统研究发展到区域创新系统的新阶段。

（一）区域创新系统 (Regional Innovation System,RIS) 的概念

区域创新系统的实证研究始于英国卡迪夫大学的库克教授（Cooke，1992），他在其与其他学者合著的《区域创新系统：全球化背景下区域政府管理的作用》一书中提出，区域创新系统是一种支持创新的体系，他将 RIS 定义为“主要是由在地理上相互分工与关联的生产企业、研究机构和高等教育机构等构成的区域性组织系统，该系统支持并产生创新”。根据这个定义，RIS 包含地理区域内的产业链及产业集群，以及产业链和产业集群上的支持和配套机构，如研究机构和高等教育机构等。魏格在区域创新系统的理论上对区域创新系统的内涵进行了深入的拓展和优化，认为其主要包括：①产业链及产业集群；②产业链和产业集群所需的人才培养机构，如高等院校、职业培训机构；③利用已有的知识和技术进行创新和再生产的研发机构；④通过政策调控、金融调控等提供指导和服务的政府机构；⑤创新活动的配套支持机构，如商业服务机构、金融服务机构。库克与魏格阐述区域创新系统的内在范畴后，又有多位学者相继对区域创新系统理论进行阐释，综合学术界相关研究成果，其概念内涵异常丰富，应包括：①对创新系统的空间边界进行界定，赋予其动态、开放性的特点；②创新系统具有产业链和产业集群这样的主体创新元素，也具有高等院校、研发机构、金融服务、公共服务这样的配套机构；③不同创新单位呈现链式结构，存在信息及创新元素的传递功能；④系统本身与环境存在影响与反馈的关系，也存在能量的交换，系统本身与环境之间相互影响，相互促进；⑤区域创新系统是一个螺旋式上升过程的系统，具有极强的学习能力，能从环境中汲取能量并实现自我提升。

（二）区域创新系统分支领域的研究

1. 区域创新系统环境研究。区域创新系统环境研究领域集中于创新系统环境的

研究，环境不仅包括区域创新系统所处的周边元素，也包括创新系统内部各元素的相互作用。主要包括：①从创新层次的角度来讲，如在国际组织、相邻国家地区、国内进行研究，相关研究主要侧重于对特定区域中的产业链、产业集群及社会环境进行考察。②建立区域创新环境的演化时间轴，研究区域创新环境的动态过程，总结创新环境的过程演化规律。③研究的主要内容集中于创新环境与区域内企业特别是具有创新活力的小企业之间的相互作用，探究如何通过优化环境来促进产业链及产业集群的创新能力。④优化可以创造价值的知识资本的生产，以提高区域经济的技术含量及经济整体发展水平。

2. 区域创新系统组织结构研究。首先，对区域创新系统结构的研究是区域创新系统关注的核心内容之一，研究成果主要有三个方面：①系统组织结构的主要组成部分。波特、伦德瓦尔 (Lundvall，1988，1992)、帕威特 (Pavitt，1994) 延续弗里曼 (Freeman， 1987) 的相关研究，对创新系统的主要组成部分进行了进一步深入研究，认为创新系统包括大学及科研机构、企业、政府以及中介机构。②区域创新系统组织关联形式。相关专家分别从“学习”“激励”“知识流动”等多个角度对区域创新系统组织关联形式进行了深入探讨。③从组织结构整体变动的方向进行研究，主要是从过程以及变化方向两个角度来研究创新过程中各因素变化以及各种因素的调试。[1]

其次，对于区域创新能力与影响的研究也是重要的研究内容，主要包括以下几个方面：①从潜在能力角度分析创新组成要素质的方面、内部构成、规模因素，从而综合评估区域潜在的创新能力。②区域创新实力的分析。主要是用量化指标以及横向或纵向研究各创新成果，通过比较对创新实力进行排名，并找出优化路径和结构，从而增强区域创新实力。③区域创新对区域发展的影响因素评价。侧重区域创新对区域经济增长及竞争力的贡献度，着重找出影响区域经济增长的典型因子，并通过采取措施予以优化。

最后，从创新过程的角度对区域创新系统进行研究：①主要从学习机制的角度研究区域创新运行机制。主要包括组织学习机制、集体学习机制，有多名学者从各个角度对区域创新运行机制进行了理论和实证的研究。②从创新模式角度进行区域创新系统研究。研究主要集中于自主创新、模仿创新和合作创新。③从演化过程的角度对区域创新研究。目前学术界在区域创新演化过程与区域创新系统已有的发展基础正相关的观点上已达成初步共识。除此之外，学术界还认为区域创新系统的演化与分工也有密切关系。

[1] 华晨．浦东新区区域创新体系建设研究 [D]. 复旦大学 ,2011。

3. 区域创新类型研究。Cooke(1998) 从治理结构 (governance structure) 和商业创新 (business innovation) 两个关键维度，对区域创新系统进行了区分。从治理结构的维度 ,Cooke 将 RIS 分为草根式 (grassroots)、网络式 (network) 和管制式 (dirigiste) 三类；从商业活动模式的维度 , 将 RIS 分为本地式 (localist)、交互式 (interactive) 和全球化式 (globalist) 三类。[1]

表 1–2 三种区域创新类型及特点 [2]

	草根类 Grossroots type	网络类 Network type	管制类 Dirigiste type
技术转移	主要在当地的管制和组织中得到助推	在区域根植的组织及国家支持的组织之间综合进行，受到多层次的管制	由中央政府倡导
区域合作	区域合作程度高，但正式协调程度低，非正式协调特别广泛，系统主要由当地倡导和推动	区域和国家倡导的组织是混合的，系统运作高度依赖于各层次之间的协调机制	在当地的相互作用低，很少出现当地的倡导和合作系统，主要由中央政府或国家金融机构资助和倡导
案例	意大利工业区	德国巴符州、日本的区域	法国的区域
发展模式	自下而上	介于之间	自上而下

Ashceim 和 Isakson（1997）根据社会的根植性把区域创新体系分为区域性的国家创新系统和根植于特定区域的创新系统。Asheim 和 Coenen(2005) 还根据各种产业和经济部门的知识基础描绘了两种区域创新体系：基于分析知识的区域创新体系 (the analytical knowledge base regional innovation system), 以及基于综合知识的区域创新体系 (the synthetic knowledge base regional innovation system)。

四、制度创新理论

20 世纪 70 年代是制度创新理论诞生和发展的起点，道格拉斯 · 诺思 (Douglass C. North) 首先提出在技术创新中，制度创新是决定性变量，开启了从制度角度对技术创新进行研究的新视角，从更深层次揭示了技术创新的研究意义。20 世纪 80 年代以后，制度创新经济学家弗里曼和纳尔逊发现社会制度、文化环境和国家专有因素对于促进一个国家的技术创新具有重要推动作用，制度创新理论逐步进入各国政府及企

[1] 桑媛媛 . 区域创新体系理论综述 [J]. 现代商贸工业 ,2009,21(01):100-102.

[2] 陈广胜 , 许小忠 , 徐燕椿 . 区域创新体系的内涵特征与主要类型：文献综述 [J]. 浙江社会科学 ,2006,(03):23-29.

业的视野。最近的一系列研究表明，在创新层面，制度与技术具有相互影响、相互促进的关系，从更广的角度、以更高的视角研究技术与制度的关系，对于制度创新与技术创新具有重要作用。近年来，更有学者主张从组织内部之间各元素的联系来看待创新对于促进制度创新的强大作用。

有学者研究发现，梳理技术创新史，会发现世界历史上有三次明显的以制度创新促进了技术创新的重大实践：第一次是资本主义私有产权制度的确立与市场经济的形成；第二次是股份公司制度和技术研发的企业内部化制度，从生产组织角度确立了技术创新中的企业内部制度；第三次是20世纪五六十年代，政府采购、财政补贴特别是政府主导的风险投资的大量涌现都有力地促进了技术创新。纳尔逊认为政府对技术研究的支持是二次世界大战以来资本主义社会技术得以大幅度跃进的重要原因。

传统经济学解释经济现象往往假定制度具有不变的特性，并以此作为自己研究的出发点。因此经济学的多数模型，往往忽视制度这个变量对于所研究问题的最终结果的影响。但经过长期的理论与实践的验证，经济学家普遍认为经济制度和所有权不是一成不变的，而制度的变化对于经济增长的速度与模式有着很大的影响，经济学界开始日益关注经济模型当中的制度变量。学者在理论研究过程中发现，在假定制度不变的情况下，当任何变量的改变都无法促使帕累托改进的时候，通过经济制度的创新和所有权制度的调整，能够实现制度创新所带来的正收益化。

熊彼特认为，企业在通过技术方式无法获得利润持续增长的时候，有必要对工业组织模式进行一定的改变。美国经济学家兰斯·戴维斯、诺思等人在熊彼特理论研究的基础上，从概念、主体、作用、政府在其中扮演的角色等角度对制度创新的相关问题进行了理论阐释。

（一）制度创新的概念

戴维斯和诺思指出，所谓制度创新，是指依靠制度的变化能为制度的改变者带来巨大经济利益的变革，这种制度的变革可以是人类历史上之前没有过的制度方式，也可以是借鉴别的组织、别的政府的制度模式对原有的制度进行模仿与演进。制度创新的动力在于制度变革者已经意识到通过制度的变革能够使得预期的净收益大于预期的成本，从而实现经济效益提升。当然制度变革的成本是巨大的，而且面临较大的风险，这种风险来自于组织的外部环境、决策的科学性、实施的有效性等多个方面，这就需要制度的变革者具有极大的勇气与胆量以及对制度变革后组织的把控。拉坦认为制度创新，是个人或团体从利益角度出发，自发组织和实施的能够获得超过实施成本的制度变革。制度创新所带来的结果：特定组织行为的改善、组织与环境的能量和信息的交换模式发生变化、组织内部各元素及相互关系的变化。

诺斯、戴维斯和拉坦在对世界范围内的制度创新案例进行实证分析的基础上，认为制度设计的目标在于以一种新的平衡机制取代原有的平衡机制，从制度层面实现帕累托改进，这样做的目的在于通过制度的改善来释放技术成长的空间以鼓励创新，同时又能为技术的运用提供更广阔的空间。制度创新更重要的目的在于建立共享机制以及技术沟通机制、利益分享机制，从而促进技术在更广阔的空间得以应用，当然政府的制度创新主要依靠在法律层面、政治制度等宏观层面的创新，而个人或集团的创新则更多是在现行法律的基础上所进行的组织内部变革。

（二）制度创新的主体

学者在研究之初仅将企业作为制度创新的主体，但20世纪70年代以后，出现创新主体日趋复杂多元的局面。戴维斯在这个趋势的基础上指出，制度创新的主体包括单个人、团体、政府等。影响制度创新主体选择的因素主要是指成本收益比以及市场力量的对比，而以团体形式为主导的创新主体存在组织成本，这种成本受加入者数量、组织架构模式、组织内部协调机制的影响。政府主导的模式相对于以团体形式为主导的成本要低，这是由于政府的组织形式担负多种使命，既有维持政府本身运作的功能，也有维护统治的考虑。但以政府为主导的制度创新主体具有强制性的特点，依赖其自上而下的高度组织形式，能够实现更加高效的运作能力。对于制度创新主体的选择，从时间角度分析，存在暂时与永久两种形式；从组织的正规化程度来看，存在正式的与非正式的两种模式。但无论采用何种制度创新主体，总的目标是不变的，就是建立一种全新的机制，使得制度主体内部的所有成员都能够从运行机制中获益。当然这种机制在运行过程中会随着外部环境的改变以及组织内部成员的变化发生改变，以更好地实现组织制度及运行机制的有效运转。

（三）制度创新的作用

在经济发展中，技术创新对于经济增长的贡献在逐步减弱，这是因为随着经济总量的持续增大，技术层面的改进遭遇天花板效应。从实践来看，制度创新正在取代技术创新，成为促进经济增长的重大力量，各国普遍意识到通过制度创新，有时甚至是全面深层次的制度改善，才能有效地促进经济增长。诺思认为，经济增长的关键在于组织的效率和组织在经济增长方面的适应性及反应的速度。组织的效率性更多地体现在要形成一种有效的机制，使个人的收益率能够显著超过至少不低于社会平均收益率。有很多专家认为资本积累、教育等都是促进经济增长的重要因素，而诺思从制度创新的角度一针见血地指出，资本积累、教育等只是促进经济增长的浅层次原因，归根到底，制度才是对经济增长起决定作用的因素。从纵向的历史潮流来看，不同国家因为制度选择的不同，经济增长会出现不同的表现，正因为如此，在一定程度上可以认为在经济发展中“制度至关重要”。

（四）政府在制度创新中的作用

政府在制度创新中的首要的作用就是必须为技术创新构建良好的民主制度环境。创新意味着新制度的运行、新秩序的产生、新技术的应用、新方法取代旧方法，创新就意味着新旧两种秩序和制度会有冲突，意味着既得利益的重新调整，意味着风险因素的叠加，要承担因创新而导致的失败后果。因此政府有必要在制度上予以创新，建立一种鼓励改革创新、鼓励技术创新的制度环境，建立一种宽容的舆论制度环境，保护创新者的积极性，极大促进技术创新的进程。

政府在制度创新中必须建立有利于技术创新的正向激励机制，通过财政奖励、税收返还的方式积极鼓励创新，这既是对风险因素的补偿，也是对技术创新积极性的有力引导。创新的风险性其实是一种不确定性，要宽容失败，从激励机制出发，在人、财、物、信息等多个角度给予创新者必要的支持和鼓励，这既是对正在从事技术创新人员的鼓励，同时也有利于鼓励更多的人加入进来从事更大范围、更深层次的创新。当前中国设立诸多科研奖项，无论从设立初衷看还是从效果看，都是为了使技术创新能够拥有源源不断的生力军，能够持续地促进技术的改进。

在制度创新的实践中，政府应该成为创新的表率。首先政府是政治制度的制定与维护者，掌握着公共政策的制定权，而这种公共政策的制定权在很大程度上决定了资源的配置。因此政府应在制定公共政策时着重考虑将资源的有效配置向技术创新倾斜，以实际的人力、财力、物力来支持社会各个领域的创新活动，提升技术创新的质量和效益。其次政府在施政过程中还要着力打造善治政府，简化行政程序，精简审批步骤，以民主、开拓、创新的角度促进技术创新活动。

（五）对制度创新理论的评价

制度创新理论是熊彼特创新理论的进一步发展，为寻求经济增长的新途径提供了理论支撑，极大地推动了创新理论的发展。制度创新经济学认为制度创新要计算成本与效益，这个观点对于提升经济增长的质量，从更深层次揭示经济增长的本质属性以及经济增长的形式问题具有极强的理论指导意义。

诺思把引起经济增长的原因分为制度创新的深层次原因以及由于制度创新所引起的技术进步、投资增加等浅层次原因，并且对制度创新与技术创新的关系在主次关系上人为地进行了划分，这些都是需要再进行更深入一步探讨的。我们更倾向于认为在制度创新与技术创新的关系中，技术创新与制度创新是相互依存、相互共生、相互促进的辩证关系，从更加长远的角度分析，制度创新在未来社会发展中的地位逐步提升，制度创新要靠技术创新予以发挥和实现。

五、技术创新理论

（一）技术创新理论的产生

熊彼特是创新理论研究的开创者，他主要从技术角度研究创新，但在其理论著作中也涉及了管理方式和组织架构方面的创新，但其更多地强调技术创新在经济发展中的作用，属于技术与经济结合的范畴，应着重从经济学的角度予以理解。熊彼特的理论贡献在于特别强调创新的实践属性，即他界定了创新的关键属性，那就是只有将技术发明应用于经济活动时，创新才能成立。熊彼特所提出的创新定义的意义在于将发明与创新作了根本上的区分，后来的学者在其理论上进行了进一步发展，提出发明者不一定是创新者和企业的经营者没有创新行为也不能称之为企业家的理论，对于鼓励创新、正确理解创新有很强的理论意义。

（二）技术创新理论的发展

熊彼特创新理论在提出之初，并没有受到西方学术界的重视，很大程度上是由于西方主流学者与熊彼特在意识形态上所持有不同的政见。但随着二战后，多国普遍进入长达 20 年的高速增长轨道，在研究高速增长的原因时，学者发现依靠传统的劳动力因素已经无法有效解释经济高速增长现象，而这种高速增长的现象与以微电子技术为代表的高新科技密切相关。由此，西方经济学理论界对技术与经济交叉的学科，特别是对熊彼特的技术创新理论产生了浓厚的兴趣，技术创新理论在理论界的关注和大量的创新实践中得以快速发展。在熊彼特技术创新理论的基础上，大量专家学者从不同的角度对技术创新理论进行了大量研究，形成了新古典学派、新熊彼特学派、制度创新学派和国家创新系统学派等四个学派。

1. 新古典学派。新古典学派关于技术创新的研究是基于市场不能进行自发的调节，即存在“市场失灵”，需要政府进行宏观调控的前提下开展的。在技术创新的新古典学派出现之前，经济学家一般是将资本、劳动力、自然资源作为经济增长的要素来进行研究，新古典学派的一个贡献就是将技术创新这个要素纳入研究框架，主要从构建经济增长模型和分解技术创新对于现代经济增长的贡献率这两个方面来进行研究。

索洛发表的《技术进步与总量增长函数》一文中在实证分析美国近 40 年的非农

数据后，发现技术创新对于经济总量增长的影响显著，通过政府税收补贴、政府采购等宏观经济政策干预，技术创新步伐明显加快，有利于发挥技术进步在经济发展中的促进作用。该文的一个重大理论贡献在于构建了著名的技术进步索洛模型，该模型旨在测量经济增长中技术进步的贡献率。可见技术创新来自于系统内部促进经济增长的重要变量，当然，技术也像其他公共产品一样存在着收益的非独占性、外部性等市场失灵问题，这就需要政府通过适当的干预解决这些市场失灵问题，以更好地发挥技术进步在促进经济增长中的作用。

2. 技术创新学派。20 世纪中叶，一些学者继续高举熊彼特创新理论的大旗，重视技术创新对经济发展的推动作用，从企业家是创新主体的角度，着重考察企业规模、组织架构、市场行为等因素在技术创新中发挥作用的机理，相继提出了技术创新扩散理论、企业家创新理论、创新周期理论等一系列细化熊彼特创新理论的分支，特别是技术创新与企业规模的关系、技术创新与市场结构的关系等方面的研究，对于指导实践和理论建构都有重要的意义。

新熊彼特学派重要人物谢勒尔对美国企业榜单中 500 家大企业的创新情况进行了细致的调查分析和实证研究，结果表明在技术创新与企业规模的关系方面，并不像理论界之前猜想的那样，企业规模大的，技术创新成果就丰厚。之后谢勒尔进行了更大规模的实证研究，结果证明企业规模对于技术创新没有明显的相关关系，但是企业经营的不同时期、所处行业的差别却对企业创新的绩效有显著的影响。谢勒尔的研究成果对于发达国家技术创新政策的制定提供了重要的理论启示。

新熊彼特学派另外三位重要人物阿罗、卡米恩、施瓦茨从技术创新与市场结构关系入手进行研究，在最有效的市场结构上产生了分歧，每个人都从自己的研究角度提出了最有利于技术创新的市场结构类型。阿罗认为完全竞争比完全垄断更能促进技术创新，但这两种市场结构在促进技术创新方面并非达到了最理想的状态。卡米恩、施瓦茨两人研究结论接近一致，他们认为垄断竞争型的市场结构足以产生推动技术创新的持续力量，能够使企业有动力通过技术创新深耕已有市场，同时保持持续创新的技术活力和持续的利润，保证一定比例的研发投入。

3. 制度创新学派。兰斯·戴维斯、道格拉斯·诺斯等人的一般静态均衡和比较静态均衡方法对技术创新的外部环境进行量化研究，之后的经济学家在这两人的研究成果基础上进行了更深层次和更广范围内的学术研究，逐渐形成了制度创新学派。这一学派特别重视产权制度在促进技术创新中的巨大作用，并且认为建立保证创新持续性的产权制度是缩小由于技术创新活动所产生的个人收益与社会收益差距的根本途径。除此之外，这一学派还认为在制度创新和技术创新中，制度创新起决定作用，好的制度是技术创新的催化器。兰斯·戴维斯和道格拉斯·诺斯经过深入研究认为，规模经济性、技术经济性和预期收益刚性是促进制度创新的主要因素，其中规模经济性是指在组织制度上通过一定的改善，从而扩大市场规模，促进技术在更广阔的空间得以应用；技术经济性是指掌握技术创新与应用的人是理性的经济人，他们会主动寻找更适于进行生产、能够创造更大价值的技术，以获取新的潜在经济利益。预期收益刚性是在通货膨胀预期下，为保障技术创新相关参与方的利益，通过将工资收入、利息等以适当的方式与通货膨胀率挂钩的制度安排，保护创新者的创新积极性。

制度创新学派在其核心思想制度创新决定技术创新之外，并不否认技术创新在降低交易成本，提高收益中的重要作用，更重要的是主张企业组织在股份制、组织架构、人力资源政策等方面进行制度创新，并将这种制度创新的作用通过技术创新的形式在企业的收益上予以反映。换句话说，技术创新所产生的收益是制度创新通过组织或管理方式的变革形式来体现的。

4. 国家创新系统学派。克里斯托夫·弗里曼和理查德·纳尔逊等人开创了从国家创新系统的角度研究技术创新的领域，通过对多个国家或地区创新活动从多个角度进行实证分析后，认为技术创新与国家创新系统密切相关，改变了理论界传统意义上认为技术创新是由企业家推动的，仅仅是企业行为的看法。国家创新系统是以国家为主体，通过公共政策制定与实施来分配创新资源，并提高创新资源利用效率的综合体系。在国家创新系统中，不仅有国家主体，还有企业、中介组织等其他主体，他们在国家创新系统这个复杂的生态系统中，相互作用，为促进制度创新、技术创新共同发挥作用。由此，弗里曼着重研究创新主体的激励机制与外部环境的关系，并试图通过激励机制的调整来适应外部环境以促进技术创新。

六、三螺旋理论

（一）三螺旋理论的产生

1953 年，华生 (James Wat-son) 和克里克 (Francis Crick) 认为 DNA 是双螺旋结构，双螺旋能够在环境中以一种互补的方式保持稳定，而三螺旋可能包含各种类型的混乱行为。[1] 其后美国著名的遗传学家、哈佛大学教授里查德·列万廷 (Richard Lewontin) 使用三螺旋隐喻 (metaphor) 来模式化基因、组织和环境之间的关系。他认为三者是一种“辩证的关系”，就像三条螺旋缠绕在了一起，都同时是因和果。基因和环境都是生物体的因，而生物体又是环境的因，因此基因以物体为中介，又成了环

[1] 尹大为 . 三螺旋接口组织分析与知识创新研究 [D]. 大连理工大学 ,2008。

境的因。[1]

随着知识经济时代来临，知识成为重要的生产要素之一。知识作为关键性创新资产，是区域创新内在持续动力所在。斯坦福大学教授亨利・埃茨科威兹 (Henry Etzkowitz) 和荷兰著名学者劳埃特・雷德斯多夫 (Loet Ley-desdorff) 对于美国“斯坦福大学—硅谷”和“麻省理工学院—128 公路”基于知识的创新经济发展实践，引进三螺旋模式来分析大学 - 产业 - 政府之间关系的动力学。三螺旋理论被认为是创新研究中的一个新范式，一经提出就在国际学术界引起极大反响。国际学术界迄今已召开了十五次国际三螺旋大会，吸引了众多研究者对区域创新和三螺旋理论展开热烈的研讨和争论。三螺旋理论作为继国家创新系统之后新出现的理论模型，对于我们理解创新的理论和指导创新的实践都有重要意义。

（二）三螺旋理论的主要观点

三螺旋模型认为，在新的技术经济范式下，大学、产业（企业）、政府三者都可以是区域创新主体 (actor)、组织者（organizer）和发起者 (initiator)，因此，就必须促进三方角色互动，以推动知识的生产、转化、应用、产业化以及升级。[2] 三螺旋模型将关注点放在政府、大学（科研机构）、产业（企业）三者的交互点上，三者“交叠”才是创新系统的核心单元，在这个“交叠”处，三者的作用有强有弱，它们相对独立，但协同作用，形成螺旋上升的运行轨迹。

三螺旋模型主要关注大学、产业、政府三者在区域创新过程中的角色和功能，研究三者之间的动力学机制，强调这三者都可以是区域创新主体、组织者和发动者，三方在创新过程中密切合作和相互作用，具有互动性、开放性、和谐互补性和联动过程性，每个主体都能够扮演其他两者的角色。例如，大学将知识资本化，鼓励源于大学学术研究的新公司成立，发挥着产业的作用。产业为了提高员工工作技能而对员工进行培训，并通过建立企业内部的教育机构等促进知识的共享与转移，与大学的功能相似。政府则提供公共研究基金，如同一个创业投资家，并继续推进政府在创新方面的常规活动。每个主体既保留自己的原有作用及独特身份，又扩大每个机构的功能以实现动态平衡，成为改进创新条件的关键。[3] 当然，三螺旋理论产生于市场和

[1] 方卫华 . 创新研究的三螺旋模型：概念、结构和公共政策含义 [J]. 自然辩证法研究 ,2003(11)。

[2] 周春彦 , 李海波 , 李星洲 , 高晓瑾 . 国内外三螺旋研究的理论前沿与实践探索 [J]. 科学与管理 ,2011,31(04):21-27.

[3] 魏迪 . 天津市科技型中小企业创新模式探究——基于三螺旋理论 [A]. 中国科学学与科技政策研究会 . 第六届中国科技政策与管理学术年会论文集 [C]. 中国科学学与科技政策研究会，2010,16.

创新主体都较为成熟的西方发达国家，大学、产业、政府的角色功能发挥都很均衡，所以将三者一视同仁，并没有强调哪个更重要。大学和产业虽然是创新的主体，但中国的国情以及发展历史不同于西方，在中国创新发展过程中，政府的力量应该在区域三螺旋创新体系中发挥更加主动的作用，引导、规范和保障企业和大学的创新活动，这与三螺旋创新理论的内涵并不矛盾，甚至可以说是中国创新驱动发展的一个独具特色之处。

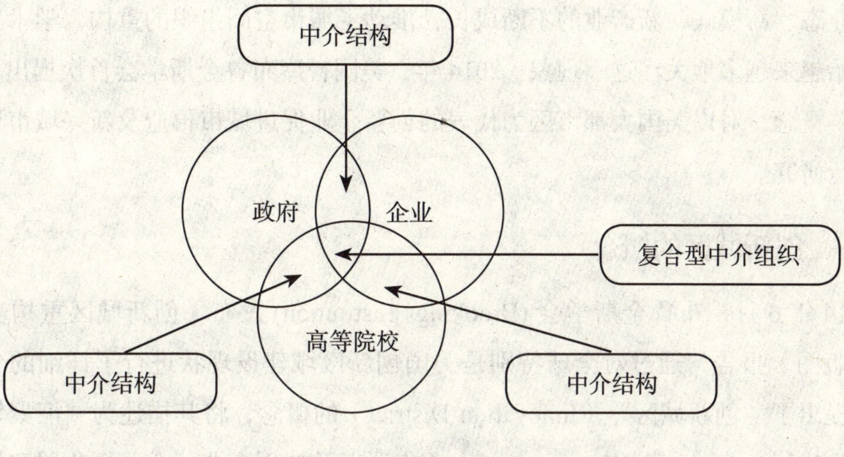

图 1–1　区域创新三螺旋结构图

区域创新三螺旋模式是在产学研合作理论基础上的进一步提升。产学研合作更多集中于具体项目的实施中，而三螺旋更注重大学 - 产业 - 政府在区域和产业层次上的互动合作机制。创新城区建立离不开政府、大学院所、产业的创新协同。目前，我国各类科技园区由于各种历史、现实发展路径，都非常重视“硬件”建设，但“软件”往往有所缺位，导致政产学研合作的混成组织在创新体系中没有完全发挥其应有的角色和作用。从中央到地方政府，从产业到高等院校，其实都在探寻创新发展的新路径，但囿于角色与资源所限，往往只能覆盖创新的一个或者几个环节。创新型城区则通过打通政府、大学、企业的“软硬件”，从而形成闭环，呈螺旋形上升的态势。可以说创新城区就是区域创新三螺旋系统中政府、大学、产业三者的创新协同、联动发展。

第二节　创新城区的概念、内涵与创新系统结构

全球性金融危机的爆发使更多的人在不能单纯依靠要素投入来发展上达成了更多的共识，要转型发展就必须依靠创新，创新被提高到了从未有过的战略高度。新技术、新业态、新模式、新产业的不断成长，推动了城市空间组织的重构，学术界和产业界开始越来越多地关注这一现象。2014 年，美国智库布鲁金斯学会首次提出了“创新城区”概念，对以美国大都市区为代表的创新企业促进城市再造及新兴城市形成的现象进行研究。

一、创新城区的概念

2014 年 6 月，布鲁金斯学会 (Brookings Institution) 发布《创新城区重构美国创新地理版图》报告，通过对全球特别是美国创新区域建设现状进行了详细的分析和研究，提出了“创新城区”（Innovation District）的概念，将其描述为“汇聚领先的‘支柱机构’（Anchor Institutions）、企业集群以及初创企业、企业孵化器和加速器的地理区域”[1]。不同于创新型城市存在着商务区、行政区、居住区、产业区等诸多分区并承担综合性功能，创新城区是以知识创造、研发转化、创新成果应用为核心活动的城市 / 社区功能区，是一种将大学、产业、政府等创新核心机构功能聚合在一起的新型城市空间模式，是城市发展的新模式和区域创新生态发展的新载体、新路径。创新城区作为当前城市功能空间体系中最令人期待的新经济空间载体，将成为知识生产、传播和转移的特定城市功能区，是城市创新发展的重要突破口。

创新城区的概念出现时间并不是很长，因此学术界至今没有对创新城区形成统一的定义。目前学术界主要从经济资产、空间资产及网络资产三个方面对创新城区予以解构。经济资产主要是指创新城区有形的存在，主要包括产业园区、生活园区、研发机构等；空间资产主要是指经济资产所在的空间载体及内部的通道，包括城市景观、公园、交通道路等；网络资产是指经济资产、空间资产在内的城区组成要素之间的链接关系。根据这三种资产的配置比例、结合紧密程度形成了不同类型的创新城区。

[1] Bruce Katz and Julia Wagner. The Rise of Innovation Districts: A New Geography of Innovation in America, 9 June, 2014. 美国布鲁金斯学会网站，https://www.brookings.edu/events/the-rise-of-innovation-districts-a-new-geography-of-innovation-in-america/, 2014-6-9.

国内学者何显明（2015）认为中国城市化的特殊背景及其特殊的推进方式，以及由此产生的城市治理难题，决定了创新城区的现实路径是遵循有效性原则，全面整合城市资源，加快创新城区建设。李建（2016）从中央智力区、近郊科技园、远郊科学城三个层次对创新城区进行分类，认为创新城区发展的关键在于推进创新要素发展互动，创新空间规划不能过度重视土地利用规划的培育。屠启宇（2015）认为在基于三重螺旋模型的创新联动实践中，大学和科技企业始终是研究的主要对象，随着美国创新经济的崛起，创新机构和企业快速向中心城市集聚并形成特定地理空间组织，创新城区作为创新时代的新经济空间，将成为未来中国创新驱动、转型发展中的重要平台。

从目前成型的创新城区来看，创新城区已经成为所在地区经济发展重要增长极，一般可分为大学科技园区、围绕科研机构形成的高新开发区、老工业基地改造模式等。目前国外学术界关于创新城区的研究主要集中于费城、旧金山、巴塞罗那工业区等，国内相关研究主要集中于北京海淀高科技园区、上海杨浦区等。创新城区作为城市创新发展的重要突破口，在未来发展中将与中央商务区具有同等地位，已经成为国际大都市，如波士顿、旧金山、费城、巴塞罗那、柏林、伦敦、蒙特利尔等在后金融危机时代实现经济转型升级、提升城市竞争力的有效战略，国内的北京海淀区、上海杨浦区等通过创建创新城区也取得了科技创新加速、新兴产业发展、创新创业活跃和城市环境改善的多重优化功效。

综合创新城区相关研究与实践，我们认为创新城区是未来城市发展的方向，具有空间紧凑、产城融合、交通通达、资源共享、人才集聚的特点，是居住生态化、办公智慧化、服务便利化、智力外溢化的城市空间。

二、创新城区的内涵

不同于功能划分鲜明的传统城市，创新城区在空间布局、功能紧密程度、土地利用方面都有其独特之处，创新城区的内涵就体现在这些独特之处。

（一）创新城区空间紧凑、知识经济密度高

与传统城市依靠增加城市面积来谋求经济发展不同，创新城区对空间依赖程度较低，更多是依靠提升知识经济密度和三种资产的合理布局来实现内生式增长。而且创新城区的一大优势就在于，其在规划之初就吸取了传统城市规划的经验教训，注重留足发展空间，规划往往具有前瞻性。

（二）创新城区变资本驱动为创新驱动

传统城区以地租理论为依据进行规划，依靠资本驱动，模式上过于依靠造城，

规划布局缺乏人文精神使得城市功能区支离破碎。创新城区更加重视网络资产，注重合理布局来推动创新，注重创新城区内部各要素联系频度、关系强度、主体互动行为互惠度的提升，通过高规格规划交通及内部空间布局，降低创新要素间的交易成本，实现由资本驱动向创新驱动的转变。

（三）创新城区通过系统性提升实现 1+1>2

创新城区之所以近年来表现比较抢眼，得益于创新城区内部各要素系统性的构建。创新城区是产学研、基础设施与制度政策的有机结合，有力提升了创新系统的效率。创新城区的系统性体现在创建之初就对创新氛围、创新要素集聚和互动上的统筹安排，有力地规避了传统城区功能划分明显、相互独立的弊端，实现了 1+1>2 的系统提升。

（四）土地利用模式由单一向综合发展

创新城区不同于以往的传统城区，传统城区是斯密的分工理论的产物，强调功能分区，而创新城区更偏重于创新要素的重新排列组合，强调从要素的交叉组合寻求创新活力。从当前国内外成功案例来看，创新城区产城融合化、功能边界模糊化、土地利用模式综合化，创新城区创新土地利用模式上的突破对于促进产学研融合、促进以产兴城都大有裨益。

三、创新城区的特点

（一）创新城区城市更新模式更加重视高水平规划

研究美国创新城区建设的实践会发现城市规划在创新城区的形成过程中具有举足轻重的地位，美国创新城区的规划之初就重视将创新元素更多地融入老旧城区，实现城市旧区的凤凰涅槃、老树发新芽。这种高水平规划更多体现在注重人文氛围，注重将创新城区产业功能与生活功能有机融合，实现产地融合、宜居宜业。

（二）更加重视“支柱型”机构的带动示范作用

创新要素的集聚在创新城区建设初期具有重要作用，高校、创新型企业等枢纽型机构能够有力地促进创新要素特别是创新人才集聚，因此应充分利用区域内高校聚集、创新型企业涌现的优势，因势利导形成“支柱带动型”模式的创新城区发展格局，促进创新要素有力集聚，以促进产业链的延伸和配套，从而推动以产兴城。

（三）从依靠要素驱动到依靠网络资产驱动

当前我国经济发展动力发生重大转换，经济发展面临的问题迫切要求我们必须从过去的依靠投资、土地开发等途径进行资本驱动转换为依靠创新驱动，而分析经济发展面临的问题，我们会发现交易成本是最大的拦路虎，其已经超过其他要素成本，成为经济发展的主要瓶颈。而创新城区重视网络资产的构建，能够有效优化投资环境，从而降低交易成本。

（四）城市开发依靠提高增量到存量优化

创新城区的一种重要模式就是对老城区、老厂房等遗存进行调整、优化、提升，在规划上更加注重要素间的交叉组合，改变了过去单纯依靠新增土地进行开发的增量运作模式，适应了创新驱动经济发展的规律。

（五）创新城区代表了工业经济向知识经济过渡的方向

工业经济时代，传统城区的发展大多是在空间扩张上做文章，土地利用效率不高，比如有的城市东西长度可达七八十千米，通勤压力巨大。而创新城区是知识经济下的产物，知识密集程度高，无论是在生产效率的提升上，还是在宜居度上都有极大提升，是知识经济发展的集合体。

三、创新城区的创新系统结构

20 世纪 90 年代以来，区域创新系统在发达国家得到了长足发展并取得了巨大的成功。作为重要政策工具，区域创新系统通过对地方化的学习过程的系统性促进作用，帮助许多国家和地区转型成为创新型经济[1]。

创新需要来自政、产、学、研、资等各方参与者在不同空间范围内（如产业集群、特定区域、某一国家或全球）和在不同的环境条件下进行合作和互动，从而形成一个特定的创新系统。

从系统结构要素和系统动力学角度分析，对于创新城区来说，区域创新系统包括创新主体、创新功能系统、创新资源和制度环境四个方面。

（一）创新主体

在创新城区范畴下，创新主体是指具有创新能力并从事或协助创新活动的机构或社会组织，如大学、科研机构、行业组织、科技服务机构、职业培训机构等。这些主体分为三类：一是知识创新主体，主要包括高等院校和科研院所等科学研究机构，是技术创新的源泉；二是技术创新主体，包括以企业为主体的各类研发平台、研发机构、实验室、技术中心等，主要承担知识成果的产品化、商业化功能；三是创新

[1] 360 百科：区域创新系统 [EB/OL]. http://www.doc88.com/p-381735500962.html.

支撑主体，主要是从事各种科技推广的中介机构，如科技服务公司、技术评估机构、创业服务机构、生产力促进中心、技术开发交流中心以及技术市场、风险资本公司、法律服务机构、培训中心、科学园区、高新技术产业开发区等，是科技与经济的联系中介，在科技成果商品化、产业化中起着桥梁、传播、推广作用。

（二）创新功能系统

一是知识创新系统，以高校和科研院所为主，承担知识创造、知识传播功能；二是技术创新系统，以企业为主体，以市场化、商业化为导向，承担科技成果转化为商业产品和服务的功能，是科技与经济的结合和区域经济发展的依托；三是人才培育系统，以高校为主体，以高质量的教育为特征，承担创新人才培养教育和供给；四是创新服务支撑系统，由信息情报、技术市场、商业网络等中介机构行使主要职能，组织、协助产业和科技研发的交互合作，区域技术知识的传播等功能；五是创新管理系统，是指政府管理区域创新系统的机构和机制，以及促进创新的政策，为创新活动提供制度政策环境和有力支持。

（三）创新资源

创新资源是创新主体进行知识创造、知识传播和知识转化的基本物质条件和基础，主要包括：①创新的基础设施，如数据库、信息网络、技术标准、科研设施和图书馆等；②已积累的知识资源，如指人才、知识、专利、信息资源等。

（四）制度环境

创新活动有赖于制度环境的支持和激励，而良好的创新制度环境本身也是创新的产物。制度环境是指为促进创新而建立形成的体制、机构、激励机制、政府或法律调控、基础设施建设和保障条件等，制度环境就是通过有效激励创新行为的制度、规范体系和设施条件，推动科技创新和社会持续发展。在创新系统结构中，政府起着特殊的地位和作用。基于我国的国情实际，在创新城区建设过程中，政府是一个关键的因素，只有政府实现创新，建设创新型、服务型政府，才会形成良好的鼓励创新的法律、社会和文化环境，真正激励和促进创新。

在创新城区建设过程中，创新文化是不可忽视的因素。鼓励冒险、容忍失败、倡导协作、讲求宽容的城市精神和社会氛围，将会极大地促进创新意识和创业活动，尤其是多元文化交汇融合的城市区域，更是创新活动和创业公司产生的沃土。从波士顿到巴塞罗那，美国硅谷到北京海淀中关村，无不是创新氛围深厚、创业人才聚集的科技创新策源地和创业者心中的“圣地”，吸引了大量创业天才，诞生了众多创业明星企业。

第二章 国外创新城区建设实践

第一节 国外创新城区发展概况

一、国外创新城区发展的现状

当前，创新城区在美国和世界数十个城市如雨后春笋般出现，并呈现出鲜明的特色和非常高的规划水准。从全球范围看，巴塞罗那、柏林、伦敦、麦德林、蒙特利尔、首尔、斯德哥尔摩和多伦多等城市都有许多创新区的案例。在美国，创新城区大多出现在一些城市中心（Downtowns）和副中心（Midtowns）的“支柱机构”周边，如亚特兰大、巴尔的摩、布法罗、剑桥、克利夫兰、底特律、休斯敦、费城、匹兹堡、圣路易斯和圣地亚哥。此外，波士顿、布鲁克林、芝加哥、波特兰、普罗维登斯、旧金山和西雅图等城市一些未被充分利用的区域（特别是老工业区）正在被重新规划和建设。还有一些传统的远郊科学园区，如北卡罗来纳州洛利杜罕都会区的研究三角园区也正进行改造，以满足园区企业及员工对更加城市化、充满活力的工作和生活环境的需求。[1]

创新区具有促进生产性，包容性和可持续的经济发展的独特潜力。在增长乏力的时期，通过帮助公司、企业家、大学、研究人员和投资者（跨部门和跨学科）合作开发和创造新的市场机会，为公司及工作的创建和扩张提供了坚实的基础。在社会不平等日益加剧的时期，由于许多地区靠近低收入和中等收入地区，它们为弱势群体提供了扩大就业和教育机会的前景。而且在土地使用效率低下，大面积蔓延和持续的环

[1] Bruce Katz and Julia Wagner. The Rise of Innovation Districts: A New Geography of Innovation in America, 9 June, 2014. 美国布鲁金斯学会网站，https://www.brookings.edu/events/the-rise-of-innovation-districts-a-new-geography-of-innovation-in-america/, 2014-6-9.

境恶化的时代，这些地区呈现出更密集的住宅和就业模式，公共交通的杠杆作用和城市核心重建的潜力。

二、国外创新城区的典型模式

根据国际上创新城区建设的实践做法，按照政府、大学、产业三者的角色功能定位，创新城区可分为三种模式：

（一）支柱核心型

该类创新城区主要位于大都市或中心城市的中心区域，在城区的主要支柱创新机构，如大学、科研院所以及大企业的核心研发部门周边形成大规模的混合功能开发格局，集聚大量创新资源，充分发挥中心城区辐射带动作用。典型代表包括费城大学城、亚特兰大中心区等。核心枢纽机构通过各种商业和非商业化手段，借助良好的城市基础设施和公共服务设施整合撬动众多相关企业参与创新活动，吸引更多高素质人才集聚，推动创造富有竞争力和活力的产业体系。典型的“支柱核心型”创新城区包括亚特兰大中心区、肯戴尔广场、费城大学城、匹兹堡大奥克兰社区等。

（二）区域再造型

区域再造型创新城区一般都位于城市的传统工业区、旧的港口或仓储区，这类城市或历史文化积淀深厚，或面临老工业区转型升级，历史建筑遗存、工业遗存丰富，临近高租金市中心区，具备转型升级基础。在保护与开发并重的前提下，通过与先进研发机构、支柱性企业结合，引进创新创意产业，推进产业转型并改造物理空间，打造新的产业功能和城市形态，将整个区域转型为一个经济繁荣的空间，建构具备生产、居住、公共服务和生态休闲等功能的空间，提升生活和工作环境品质，最终推动城市复兴。典型的区域再造型创新城区包括波士顿的南岸区域、旧金山 Mission 海湾、巴塞罗那普布诺、西雅图的南湖联合区域。

（三）城市化科技园区型

城市化科技园区是美国较常见的一种创新城区，一般位于城市远郊区，外界需要更多地通过汽车等交通工具与园区联系。由于与城市中心相隔离，这类园区缺少网络资产，基本上是一种封闭的创新系统，企业和科学家基于保密研究文化和专利政策，彼此间很少发生互动。随着更多经济资产注入，空间资产得以改良，包括通过增大密度及融合一系列商业、酒店等功能推进园区的城市化水平，完善社区设施并提升科学园区的社会联系频度和强度。典型代表包括北卡罗来纳创新三角园区域、威斯康

星 - 麦迪逊大学研发园区、弗吉尼亚大学研发园区、亚利桑那大学科技园等。[1]

三、典型创新城区建设的政策措施

根据目前各国创新城区的实践，典型的创新城区建设政策措施包括增加科技投入并实施积极的创新政策、培育和聚焦创新资源要素并形成创新网络、营造良好的创新文化环境和氛围。

（一）科技投入与创新政策紧密协调

增加科技投入一直是各国鼓励创新政策的核心。但在增加科技投入的同时，必须加强创新计划、创新政策的协调，从内在动力机制上推动创新。如欧盟连续推出了6个科技研究框架计划，并建立了从事协商的专门工作组，支持对创新政策的评价和比较、支持对欧洲科技优势的分析与查找、完善科研与创新监管环境等，从而实现科研和创新政策的和谐发展。美国也为提高创新能力出台了一系列政策，并且为实现对创新资源的有效配置，重点研究了对创新投入的协调与评价。其他国家，如加拿大、匈牙利、澳大利亚和西班牙等，也都制定了指导创新发展的较全面的政策框架，以保证创新政策在国家、区域等层次上的协调。[2]

（二）培育和积聚创新要素，形成创新网络和集群

国外的创新城区都十分注重基础设施、人才、资金等各种创新要素的培育和积聚。如日本筑波市先后推出 240 万科技人才开发综合推进计划、21 世纪卓越研究基地计划、科学技术人才培养综合计划，建立一流人才培养基地，一批国际顶尖人才脱颖而出，共培养出 4 位诺贝尔奖获得者。[3] 柏林市政府组织对古旧建筑进行修缮，将这些既有传统文化底蕴，又融合现代元素的地方打造成为文化创意基地；为支持中小企业进行技术创新，市政府和重建信贷银行启动了对中小企业技术革新货款资助计划；市政府还提供财政支持和税收优惠，降低公司所得税和个人所得税。联邦基金还补助中小企业用于创造关键技术的研发费用的 40%。[4]

西方各发达国家都非常重视技术创新平台的建设。美国通过大力建设科技孵化器支持科技企业发展，推动科技成果产业化和高新技术企业成长。着力支持合作研究，改革专利政策，促进知识产权共享。欧盟“2002~2006 年科技发展框架计划”将

[1] 李健,屠启宇.创新时代的新经济空间：美国大都市区创新城区的崛起 [J]. 城市发展研究 ,2015,22(10):85-91.

[2] 经济合作与发展组织（OECD）.OECD 科学技术与工业概览 2002[M]. 科学技术文献出版社 ,2003,11.

[3] 潘志；李飞 . 日本生产性服务业与制造业联动发展经验及其启示 [J]. 科技促进发展 ,2014(02):120-124

[4] 陈峰燕 . 国外创新型城市的建设实践及启示 [J]. 中国集体经济, 2014(31):158-160.

建立欧洲科研区作为其中心内容，并从促进科研成果转化、人才培养计划、加大研究基础设施建设、加强科学社会联系等四个方面着手建设。各国充分利用信息技术和互联网技术，加强创新平台、信息网络、共享数据库等基础设施建设，提高创新基础设施的共享水平，推动形成创新网络和集群。

（三）营造创新文化氛围

创新本身就是一种文化现象，宽松的环境和包容的文化是激发创新活力和创业激情的重要条件。如美国硅谷移民众多，通过组织各种各样的活动，来自不同国家和地区、有着不同肤色、说着不同语言、拥有不同学科背景，但都同样怀有梦想的创业者们在这里积极开展交流，形成了多元化，而且积极互动的文化氛围。这正是硅谷长期保持极强创新力的原因所在。

第二节　“支柱核心”型创新城区

一、费城大学城 University City District

（一）概况

宾夕法尼亚州的费城大学城（UCD）成立于1997年，由世界知名的合作伙伴组成，其中的小企业和居民共同合作，以提高经济活力和生活质量。在一个以地点为基础的数据驱动框架内工作，投资世界级的公共空间，处理犯罪和公共安全问题，为商业走廊带来生命力，帮助低收入居民找到工作，促进就业增长和创新。

费城大学城是顶尖教育区域的一员，是德雷克塞尔大学、宾夕法尼亚大学和科学大学的所在地。费城大学城是该地区教育、科学和创新的领导者，拥有世界一流的大学和医疗机构；费城大学城同时是美食爱好者和文化追求者的目的地，拥有国际知名的餐饮店、博物馆和画廊；费城大学城还是一个交通运输中心，拥有很多适合行人和自行车骑行的街道；费城大学城更是就业领导者，创新创业动力带来了更具活力的市场和更宜居的生活工作环境。

得益于如此优越的环境条件，费城大学城近年来创新成果不断涌现。授予专利数量在过去5年增长了75%，而且比2006年增长了110%。大学城地区人口规模持续扩大，2013~2016 年，大学城约增加了拥有多户住房的 2500 个新单位，人口增加约 11%。在 2014 年，The median home 售价达到了 316000 美元的新高，也带动了周边地区的房价上涨。[1]

（二）教育与科研

费城大学城中的德雷克塞尔大学、宾夕法尼亚大学和科学大学等大学，除了是优秀的本科高校外，还擅长研究生教育和授予研究生学位，能够提供世界知名的项目，而且学生们能在这一领域花几年时间进行研究。在 2015 年校园费城报告中显示，在费城大学城的高校受过教育的 64% 的大学毕业生都留在该地区。

大学城积极采取政策，吸引该地区的大学毕业生在当地工作。同时，大学城鼓励宾夕法尼亚大学、德雷塞尔大学、费城儿童医院和当地的企业建立合作伙伴关系。在过去的十几年中，费城撬动教育、研究和医疗资源，已经成为生命科学、纳米技术和 IT 公司的中心区域。

大学城于 1963 年建成费城大学城科技中心 (UCSC)，它拥有与宾夕法尼亚州、新泽西州和特拉华州的 31 所非营利性机构的合作成果，是美国最古老和最大的城区研究中心，已成为大学城的标杆性机构。大学城科技中心在费城西部约 6.9 万平方米的校园和超过 250 万平方英尺的共同办公空间，建立公司和实验室。大学校园为创业者提供孵化支持服务和编程帮助，共同工作空间致力于将技术从实验室迁移到市场。医院是大学城经济的重要组成部分。附近的宾夕法尼亚大学（HUP）医学机构 - 儿童基金会宾夕法尼亚州医院（CHOP）、宾夕法尼亚长老会医疗中心和费城退伍军人医疗中心雇用了 27000 多人，2014 年收治超过 85000 名患者。[2]

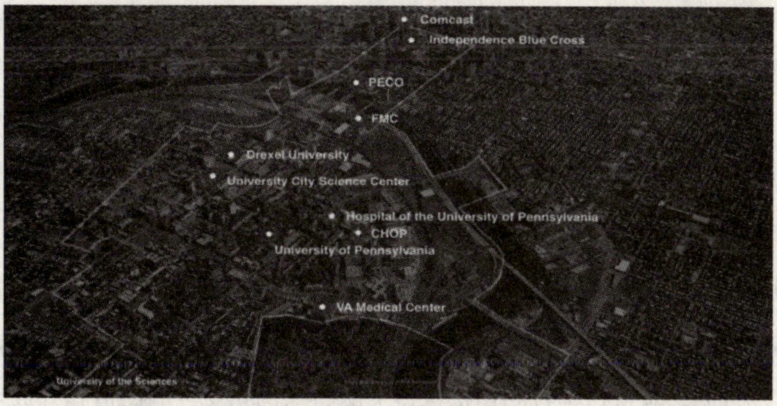

图 2-1 费城大学城

[1] Juliana Reyes. Brookings report: How University City fits among US “innovation districts”［EB/OL］.https://technical.ly/philly/2014/06/09/brookings-report-university-city-innovation-districts/,2014-6-9.

[2] https://en.wikipedia.org/wiki/Innovation_district#Philadelphia_.28University_City.29

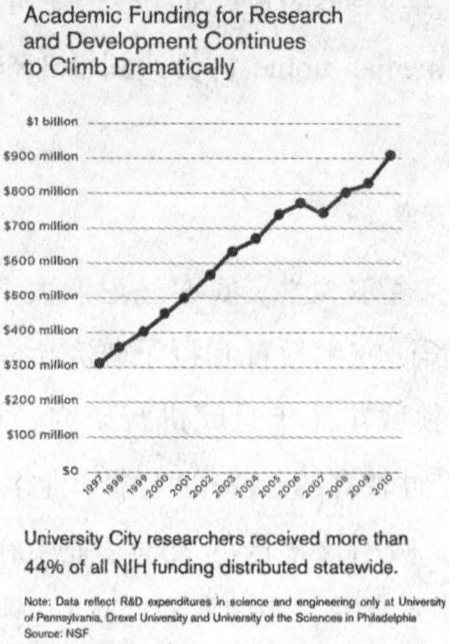

图 2–2　费城大学城 R%D 经费增长

图片来源：Greater Philadelphia Cultural Alliance，Cultureblocks.com。

（三）市场推动者

增加的重要雇主带来更多新工作。大学城到 2015 年年底大约共有 75000 个工作机会，2016 年已经超过 76000 个。

大力开发房地产及相关服务业。受需求拉动，大学城的房地产增长继续保持惊人的速度，大学城不断引进住宅、办公、酒店和机构项目，持续改变和扩大城区天际线。本地区房产市场保持着供应紧张，大学城的办公用房空置率自 2008 年房地产泡沫爆发以来已经达到最低水平，是 27 个区域性子市场中的最低水平。

迅速发展零售和医疗。由于存在众多由学生、大型企业雇主、通勤者和居住在该地区的全职居民组成的客户群体，一些企业将大学城作为零售店面的主要选择地点。2015 年新增或正在建设的新增零售面积约 7339 平方米。自 2013 年以来，零售空间总量已增加约 7%。在不久的将来，超过 300 间额外的酒店客房将增加来自周边三分之二游客的住宿接待量。[1]

（四）基础设施

UCD 致力于创造和维持建立一个更强大、更有活力的大学城公共空间，为该地区的 员工、行人、骑自行车者和司机保持美丽、绿色和安全的街道和开放空间。

UCD 是国家公认的数据驱动地理位置的领导者，具有丰富的经验，创造全季吸

[1] Matt Bergheiser. The state of university city 2016［DB/OL］. http://www.universitycity.org/,2017.

引游客的空间。从概念设计到施工，UCD已经率先推出了成功的项目，包括旗舰公共空间——第30街车站的门廊，增强市场街桥街道景观的费城第一个“小跑”计划。在第40街的电车门廊花园破土动工，为市内最大的一级火车站带来新的公共空间和餐厅。

图2–3　费城大学城街景

2011年4月，UCD抓住了难得的机会。当年初，宾夕法尼亚州交通运输局创建了一个人行道。UCD表示，在该地点存在足够大的需求，以建立一个充满活力和有吸引力的公共空间。当年11月，UCD推出了“The Porch”，为每天穿过现场的20000名行人提供安全的环境，可以安坐、阅读、漫步、社交或欣赏美景。在开发过程的早期，UCD采取了一种新颖的方法来实现其The Porch的目标。设计人员首先了解潜在用户的需求和行为，并针对这些需求进行设计。利用城市社会学家William Holly Whyte开发的方法对现场使用模式进行严格的研究，The Porch根据用户行为进行改进。

第30街站是全美国第二繁忙的火车站，每天有5万人次客流量。SEPTA的区域铁路遍布费城和郊区，一直到特拉华州以及费城国际机场。新泽西州的过境火车穿越特拉华河，AMTRAK火车可以开行到远离迈阿密、芝加哥和新奥尔良的目的地。大学城本身就是费城最容易通行的地区之一：SEPTA提供从一端到另一端服务的手推车、公共汽车和地铁；大学城还拥有一些在该地区最适宜骑行自行车的大约40千米的街道；对于喜欢开车的人士，可以提供多种汽车贷款；Schuylkill河与两条州际高速公路汇合，司机可以很方便地进入该区域公路系统。

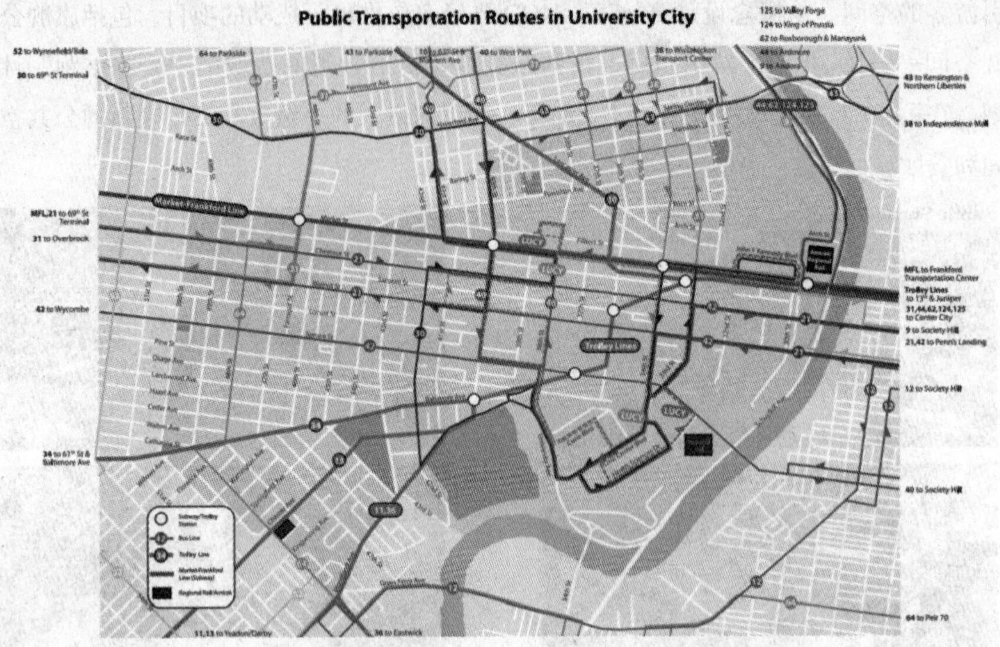

图 2–4　费城大学城的公共交通

为了吸引新用户，UCD 还在网站的“软件”及编程方面做了相当大的投资。使用这种方法，UCD 有效地“测试了”公共空间，尝试各种物理配置和编程，以确定吸引人们到公共空间的因素。

二、亚特兰大中心区（Midtown Atlanta）

（一）概况

亚特兰大中心区（Midtown Atlanta）是位于亚特兰大中心地带的商业和文化中心，该地区不仅拥有顶尖的学院和大学以及指引未来的公司和创新中心，而且还有获得过奖的艺术和文化作品、高质量的生活水平，通过完备的基础设施与世界相连。[1] 亚特兰大中心区正在演变成为一个充满活力的，具有创造力和高科技的混合体，催生着世界级的建设性想法和体验。

亚特兰大中心区在不到所在城市土地面积的 1% 的 3.11 平方千米的区域内，有 65000 个工作岗位，城市专业类、技术类、科学类和管理类工作占 25%，并有望在未来十年超过 41%。这个增长率是拥有 540 万居民且 68% 的人口拥有大学教育经历的亚特兰大市平均增速的 5 倍。[2]

[1] Innovation brochure new-single pages［DB/OL］. https://www.midtownatl.com/,2017.

[2] Midtown district profile［DB/OL］.https://www.midtownatl.com/,2017.

（二）教育和科技资源

世界级学院和大学为科技、健康、设计和艺术搭起桥梁。超过 25000 名学生在中心区大学登记入学。其中有美国排名前十、全球排名前 25 的大学佐治亚理工学院（Georgia Institute of Technology），美国排名前十的学术医疗中心埃默里大学中心区医院等。亚特兰大是美国成长最快的高科技中心。超过 13000 个科技公司设立在亚特兰大，该地区在金融科技、网络安全保障、生物科学、健康 IT、供应链和先进制造业等方面全球领先。亚特兰大在美国科技友好城市中排名第二。[1]

高等教育和医疗保健是该地区创新的另一大动力。除了佐治亚理工学院，该区还包括萨凡纳艺术与设计学院，该校是美国最大的私立艺术学院之一，埃默里大学医院中心拥有 1000 名医师，Emory 质子疗法中心于 2016 年秋季开放。

中城联盟（Midtown Alliance）和佐治亚理工大学已经宣布建立战略合作伙伴关系，旨在创建一个新的“创新区”，用于创建和扩展技术基础设施，并引导企业家进入亚特兰大市中心。佐治亚理工大学表示，Midtown Alliance-Georgia Tech 的合作伙伴将与当地的领导机构沟通，进一步加强中城的技术基础设施，为企业家创造商业房地产机会，并吸引创新资产。第一阶段将包括创建一个现场工作“实验室”，探索媒体技术的潜力，创造不断创新的气氛。实验室的重要组成部分将是开发实验移动应用程序的开放平台，旨在丰富中城的功能。[2]

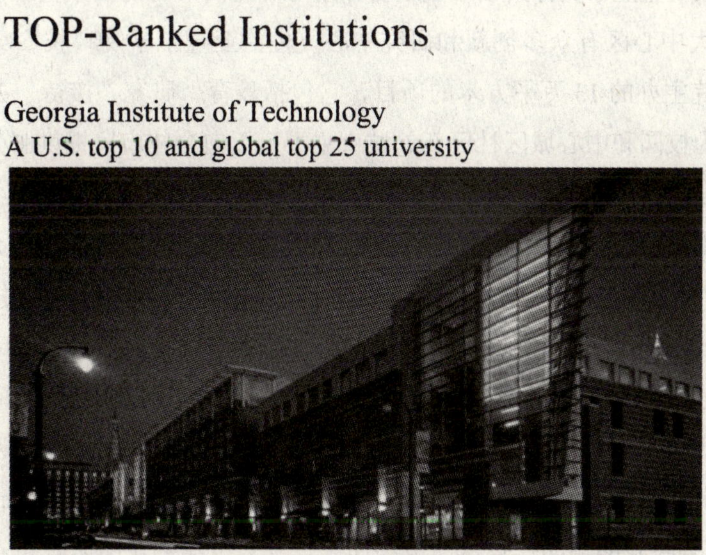

图 2–5　佐治亚理工学院

[1] http://www.midtownatlinnovates.com/.

[2] BEN YOUNG. Midtown Atlanta’s Innovation District［EB/OL］. http://georgiatrendblog.com/midtown-atlantas-innovation-district/,2015-6-17.

图 2-6　埃默里大学中心区医院

（三）创新与创业[1]

亚特兰大中心区是创意阶层（Creative class）的发源地，是技术和创意结合的纽带，它作为世界级技术创新中心的地位正在逐渐建立。它拥有全球级的连接技术、健康卫生和艺术的主管机构（Anchor Institutions）、顶级的新兴（网络）公司孵化器和加速器、强大的企业家支撑网络、创新合作中心和充满活力的技术基础设施。

亚特兰大中心区有众多创新和研究中心。佐治亚理工学院科技广场是一个由佐治亚理工学院主办的 13 万平方米的项目，它包括教育、研究、接待、办公和零售等内容。它作为校园和中心城区社区新的城市主干道而向全体市民提供服务。

亚特兰大拥有美国 500 强企业，在年轻企业家城市中排名第一，为创业者和大公司提供创业资源。它的创新机构有：先进技术发展中心 (Advanced Technology Development Center, ATDC)，是改变世界的以商业为基础的前 12 的孵化器。佐治亚理工（Georgia tech）和佐治亚理工研究所 Georgia Tech Research Institute（GTRI），提供 6.89 亿美元研究和开发资金，通过佐治亚理工的企业创新机构为商业、工业、企业和经济开发者扩大服务范围。Venture lab 是一个集基金会、创业孵化器与创业公司于一体的工作室，是全球排名第二的以大学为基础的孵化器。Venture lab 通过 Flashpoint 与有经验的顾问、技术、市场和设计专家组建创业团队。技术广场还有很多合作创新中心，如 AT&T Foundry 和 Panasonic Automotive innovation center 等，有

[1] Innovation brochure new single pages［DB/OL］. https://www.midtownatl.com/,2017.

共同办公空间 Collider（一个为企业家和正在向新兴公司转型的初创团队提供服务的新兴公司办公空间）等众多空间机构。会员制组织佐治亚技术协会（TAG）组建了佐治亚技术联盟（community），汇聚了 2000 家以上的公司。

亚特兰大中心区是这个创新生态系统中的中心。亚特兰大中心区拥有无可匹敌的一系列创新优势资源和活力，核心支柱机构为技术、健康和艺术搭桥；强大的企业家网络及世界级孵化器和加速器；通往其他创新中心的强大基础设施和链条。过去五年来，创新中心公布的项目数量不断增加，由 NCR 公司、松下汽车、家得宝、可口可乐、世界银行、AT & T 等的投资创造了一个前途无量的“创新区”。

图 2–7　佐治亚理工广场

（四）成立联盟

中城联盟是一个非营利性会员组织，是领先的商业和社区领袖联盟，辅助实现中城作为商业、文化、教育和生活首要目的地的承诺。

中城联盟主席丹尼斯·洛克哈特（Dennis Lockhart）在一份声明中表示：“通过与佐治亚理工大学的独特合作关系，我们将探讨如何利用一系列新技术和工具来进一步提升用户体验并推动我们城市的创新资产。中城联盟一直专注于通过改善城市设计和一系列改善物理环境的计划，以使中城成为一个更加宜居、步行和活跃的地区。”

三、肯戴尔广场（Kendall Square）

（一）背景

1964 年，NASA 电子研究中心在肯戴尔广场建造完成，但由于预算削减，于 5

年后关闭。麻省理工学院建筑委员会联合主席、教务长马丁·施密特教授（Martin Schmidt）表示，这使得麻省理工学院与剑桥城市合作，推动振兴肯德尔广场的计划不得不搁置。

肯戴尔广场这个东部剑桥社区是一个创新强区，是新想法、新技术诞生的摇篮。今天，肯戴尔广场拥有 150 家高科技公司，其中包括一些最著名的生物制药公司和技术公司，如 Biogen Idec，Genzyme，Novartis，Akamai，Google，Amazon 以及 Microsoft。

（二）教育与科技

以麻省理工学院为核心，与哈佛大学、麻省总医院和其他研究医疗机构连接起来，剑桥地区的肯戴尔广场是今天最具代表性的创新区。

自成立以来，该地区重视大学和产业界的合作和技术商业化。自 20 世纪 50 年代以来，该地区开始利用自身拥有的土地来支持技术商业化。在过去二十年中，这一战略帮助形成了美国最重要的生命科学和医药集群。这里还催生出数百家小企业，并吸引了数家知名的高科技企业[1]。这些机构以肯戴尔广场为轴心，放射状地散布居住在各个社区中，构成名副其实的大学城。

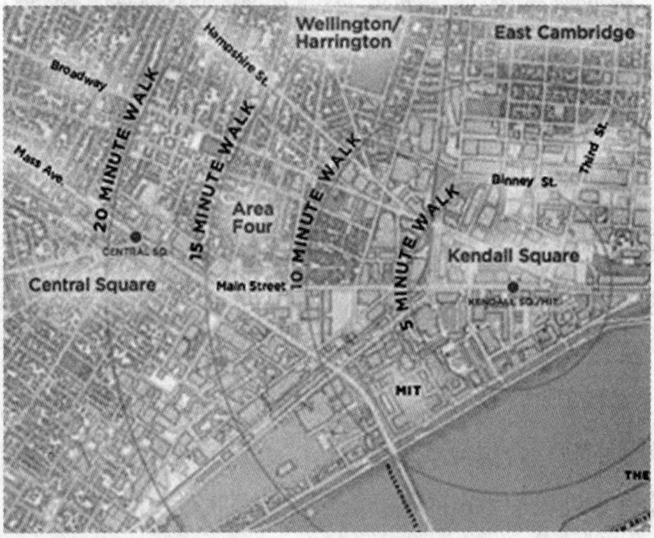

图 2-8　肯戴尔广场地理位置

图片来源：http://news.mit.edu/2011/kendall-square-zoning-0429.

施密特教授认为，肯戴尔广场是世界上最密集的创新集群，其独特之处在于几

[1] 元浦说文微信号. 文创高新区研究专辑 - 美国创新区案例 [EB/OL].http://www.sohu.com/a/108786659_179557,2016-08-03。

平方千米内，拥有大量创业公司、高科技公司和风险投资公司。这使得麻省理工学院、哈佛大学和医院的人才激增，这将带来将基础研究转化为市场产品的显著优势。夏普教授补充，麻省理工学院长期以来一直是将基础研究转化为市场产品的专家，大学不只是为了获得新的知识，在这里还能将这些新知识转化为有用的东西。[1]

（三）商业设施

剑桥创新中心成立于1999年，位于麻省理工学院（MIT）内，是大学和私人部门之间相互合作的最佳案例。作为独立组织，它帮助发展了联合办公的概念，同时鼓励创业者和创业企业发展。其内部企业已经吸引了数十亿美元的种子资金和后期投资。[2]

现在，剑桥创新中心是一个充满了学生、游客、创新者、租房者、食客和购物者的神圣创新区。在肯戴尔广场有健身俱乐部、共同办公和会议场所、一些初创企业和实验室。这些商业设施面向本地居民，规模较小，易于使用，服务于技术、创新和旅游市场。肯戴尔广场的吸引力大幅增加了作为娱乐和家庭活动中心的服务组合，如农贸市场、食品卡车、溜冰场和独特的小船租赁。新的零售空间拥有大玻璃店面、靠近人行道入口的零售商，以及当地商店和餐馆的小型空间，还有额外的外部用餐和饮水场所。这些都被组合成了美化的人行道结构，净化了环境，使之成为一个真正值得参观和购物的地方。

（四）基础设施

肯戴尔广场是剑桥科技研发商业化运作中心，也是大波士顿的市级创新中心。经过30年建设，肯戴尔广场已转型为一个技术广场，拥有剑桥中心、技术广场、剑桥研究园等研发地标。马萨诸塞州大道生活实验室已吸引越来越多的独具远见的高科技项目在肯戴尔广场进行集群式发展。

现在，为肯戴尔广场提供多元化的住宅，完善相关配套设施是剑桥地区的重点工作。自2005年以来，近1000套公寓在该地区建成，同时还建设了众多新饭店和零售商店。剑桥中心正在持续从老工业后院转变为表现良好的房地产新区。

但另一方面，随着这一转型，肯戴尔广场地区的租金不断上涨，现在只有财力

[1] Carol Todreas .Innovation district: Cutting edge with retail at Kendall Square in Cambridge [EB/OL] http://nerej.com/innovation-district-cutting-edge-with-retail-at-kendall-square-in-cambridge-by-carol-todreas,2015-8-28.

[2] 元浦说文微信号 . 文创高新区研究专辑 - 美国创新区案例 [EB/OL].http://www.sohu.com/a/108786659_179557,2016-08-03。

非常雄厚的公司才能在此开拓其业务。即使有的话，企业家和初创企业也难以与世界级的“谷歌”等公司争夺空间。

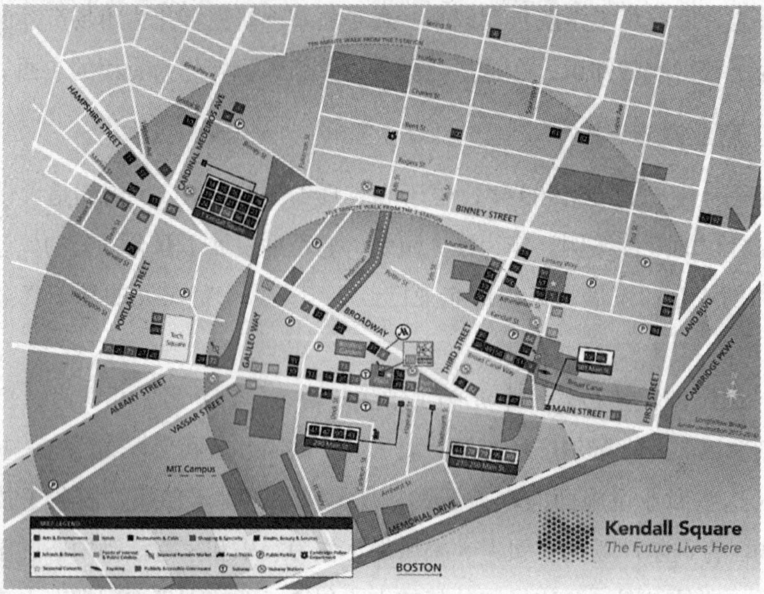

图 2-9　肯戴尔广场平面图

图片来源：http://keywordsuggest.org/gallery/26165.html

四、圣路易斯市Cortex创新社区（Cortex Innovation Community）

（一）概况

Cortex 创新社区是一个约 0.81 平方千米的创新型区域，它位于圣路易斯市中心，是 BJC 医疗中心（BJC Health Care）、密苏里植物园、圣路易斯大学、密苏里大学圣路易斯校区（UMSL）和圣路易斯华盛顿大学的合作产物。2002 年，这些机构组合在一起，将一度枯竭的工业区转变为成熟的环境生命科学和生物技术领域的创业区。Cortex 创新社区的办公室、实验室和零售空间已超过 9.29 万平方米，建造成本超过 5 亿美元。[1]

Cortex 创新社区是 2002 年当地的一些机构和慈善基金等在政府的税收优惠政策和城市创新资源的支持下创建的。Cortex 最初的目标是将圣路易斯大学、华盛顿大学医学院和巴恩斯犹太医院之间 0.81 平方千米的走廊建设成为富有创新活力的城市社区，集聚一批企业研发中心，推动该市世界知名的工厂制造和生命科学研究；将圣路

[1] Dustin C.Case Studies in Innovation District Planning and Development[R]. NAIOP Research Foundation,2017.

易斯打造成为商业化和创业的核心，并且发展成为适合工作、娱乐和居住的活跃之城。[1] 为实现这个目标，Cortex 制定实施了若干项发展战略。Cortex 正积极构建创新中心集群，以吸引投资，促进创业发展，[2] 主要是通过各种创新机构和资金投入来推动本地区的建设。

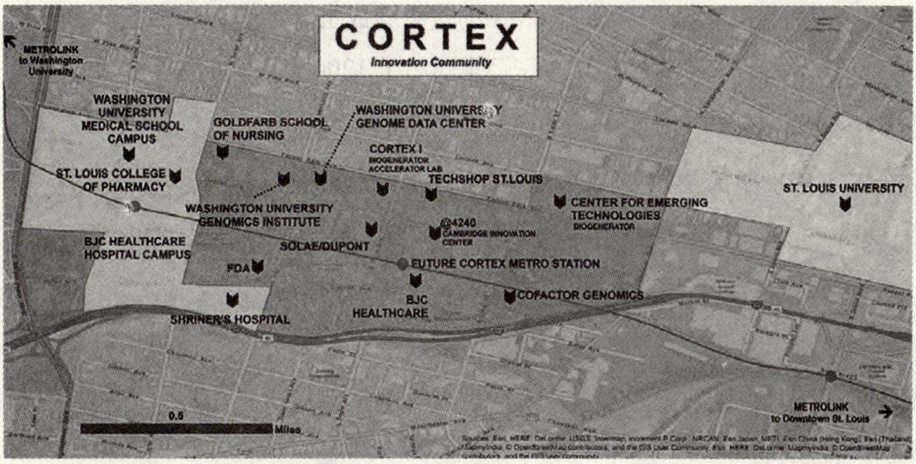

图 2–10　Cortex 创新社区

（二）开端

Cortex 创新区始于与 BioSTL 的合作。BioSTL 于 2001 年成立，是致力于为植物与生命科学促进企业家精神的联盟。

圣路易斯市的几个主要大学和生命科学研究中心提供了大约 125000 美元的资金计划，最终促成了 Cortex 在 2002 年成立了一家非营利性公司。BioSTL 通过建立由当地房地产专业人士组成的委员会，评估新兴生物科技公司的空间需求和现状市场需求来选址。

选址于中心城区的主要原因是，它靠近 BJC Health Care 校区、密苏里植物园、圣路易斯大学和华盛顿大学。它也受益于附近绿色森林公园的空间，几个令人印象深刻的公共博物馆和中央西端 MetroLink（轻轨）站。所有这些功能都极大地促进了该地区的创业活动。

新兴技术中心（CET）是州政府指定的创新中心，它为创业公司提供孵化器空间，并为创业者提供服务。中心已经在两栋建筑中运营，其中第一个由圣路易斯城市拥有，并以名义利率租给 CET；而第二个则是由历史性的税收减免项目和新市场税

[1] https://cortexstl.com/

[2] 元浦说文微信号 . 文创高新区研究专辑 - 美国创新区案例 [EB/OL].http://www.sohu.com/a/108786659_179557, 2016-08-03.

收抵免项目联合资助的历史性重建项目。创新区的发展为非营利性组织提供了将自身重塑为更全面的作为经济发展战略一部分的机会。

合作机构做出推动 Cortex 向前发展的财务承诺。华盛顿大学和圣路易斯大学分别投资 1500 万美元和 400 万美元，同时，圣路易斯大学和 BJC 医疗中心各自额外捐助了 500 万美元。这些资源帮助 Cortex 的董事会成员开始运营该城区，以获得土地来支持未来发展。BioSTL 通过说服密苏里州给予 1200 万美元的税收抵免，以进一步帮助进行土地征收。

（三）三次重大突破

该区在 2005 年取得第一个重大突破。当时一个成功的医疗技术公司 Stereotaxis 在 CET 推出，同意担任位于 Cortex 的一个新的多租户办事处 / 研究机构区的主导者。2006 年第二次重大突破，是圣路易斯市授予 Cortex 分区土地征用权和提供减税及进行联合发展的权利，这使得该组织即使拥有的资产很少，但也有能力控制整个区域的发展特色。第三大突破发生于杜邦公司一家专门从事大豆蛋白研究的子公司 Solae，同意将其世界总部移到圣路易斯市中心之后。Cortex 与该公司达成了为期 15 年的租约，担任该项目的总承包商和开发商。总建筑面积达 16258 平方米的该项目于 2008 年完成，不久之后以 4400 万美元卖给了股权资本管理公司（Equity Capital Management）。

（四）有经验的领导和公共部门支持

领导者组成的志愿者团队于 2010 年任命全职行政人员负责监督非营利性组织的运营。BioSTL 帮助 CET 重组为 Cortex 的子公司，并于 2012 年重组 Cortex 以启动一个新的总体规划，该规划强调需要创造一个动态优化整个区域的综合利用环境。关键要素包括增加公共交通机会，吸引零售设施，将有吸引力的公共区域融入研究园区。

Cortex 还与巴尔的摩 Wexford 进行科学合作，以技术帮助激励该区域，使其对初创公司更具吸引力。Wexford 同意收购 Cortex1，投资 500 万美元，建设根据需要进行改造的创业技术公司。它也获得了重建以前由 Cortex 花 7300 万美元收购的多层仓库的权利，由改造成 17000 平方米的办公室和实验室组成空间。华盛顿大学租用了 @4240 大厦 40% 的空间，把它的技术管理与研究管理局主校区移到 Cortex 并协助采购、债务融资、通过抵押进行担保。[1]

[1] Beth Mattson-Teig.Making the Case for More Innovation Districts [EB/OL]. https://urbanland.uli.org/development-business/making-case-innovation-districts/, 2015-12-15.

（五）优化都市环境助推地区发展

除了 CET 外，Cortex 在整个规划和发展中还有另外四个创新中心，每个创新中心都提供了刺激创造力的独特企业家精神。第一个与协议缔结的是剑桥创新中心（CIC），其在 @4240 大厦租赁 30000 平方米办公场所提供给入驻的公司，作为办公室和实验室空间。通过签订短期会员协议，可容纳两人一起工作的办公室每月租金为 200~1200 美元，同时会员服务还包括使用会议室、礼宾服务、使用印刷 / 复印设施、厨房以及高速网络，以尽量减轻设备管理的成本负担，使之专注于帮助和培训创业公司制定业务计划。

CIC 还接管了约 8175 平方米的由 CET 先前经营的办公室和实验室，从而使 CET 专注于提供旨在帮助创业公司制定业务计划的培训计划，确定市场机会。其中一个名为 Square1 号（SQ1）的项目，提供了 10 周新人训练营和两个 4 周的点燃激情训练计划，以支持创业早期阶段企业家的运作。CET 通过举办各种培训研讨会以支持创业增长，包括美国国家卫生研究院（NIH）小商业创新研究与小企业技术转移（SBIR/STTR）培训活动，以提高当地公司成功争取联邦研究资助的可能性。

图 2-11 Cortex@4240 大厦

图 2-12 Cortex@4240 大厦内景

图片来源：http://www.hok.com/design/type/science-technology/4240-laboratory-and-office-building/.

其余的创新中心包括 BioGenerator 和 VentureCafé。BioGenerator 是 BioSTL 创建的非营利性子公司，它通过提供实验室空间支持高潜力生物技术企业。BioGenerator 服务大约 50 家在 Cortex 运营的公司，并定期与圣路易斯大学和华盛顿大学合作，帮助创业公司获得研究机构设施的使用机会。创业咖啡厅是由风投咖啡基金会（Venture Café Foundation）开发的每周计划并由中投公司现场运营，吸引了多达 500 名与会者。Tech Shop 经营全国各地的制造设计工作室，配备有用于原型设计和生产的机械和软件。该公司在 2016 年 8 月将 1672 万平方米的制造空间引入了 Cortex。

Cortex 的领导层力图通过增加吸引力，进一步激活该地区的主要零售商。2013 年，宜家投资 8000 万美元在该地区建一间面积达 38 万平方米的商店，并于 2015 年建成开业。该项目成为吸引学生、年轻专业人士等知识型员工进行其他项目研发的催化剂。

在大学教育管理研究中，社会网络构建在创业领域非常重要，圣路易斯大学创业中心在这个过程中，对团队的角色进行了分工，充分利用校外资源，形成了相对固定的教育网络。例如，在教学环节，毕业生、新创业者和创业成功人士搭建多层次的网络，在科研环节则拥有大学教授、期刊的主编、研究机构和咨询公司的负责人等专业人士，创业项目环节则针对风险投资、技能培训、创意孵化等不同领域按照会员制和委员会等多种方式规范社会网络。

五、匹兹堡大奥克兰社区

（一）概况

很少有城市拥有自然建立起的创新区，而匹兹堡内较大的奥克兰地区正是其中之一。它是两个世界级的研究机构——匹兹堡大学和卡内基梅隆大学（CMU）以及数十家创业公司、合作工作空间和匹兹堡大学医学中心（UPMC）的家园。正如匹兹堡的机遇是由不断变化的全球经济环境形成的，创新的空间地理位置也在变化。与大多数创新地区一样，奥克兰也被邻近的贫困社区所包围，它们的长期失业率和贫困率最高。奥克兰创新区毗邻几个贫穷的社区，包括山区、上城和 Hazelwood，都受益于创新区创造的就业机会，填补了劳动力短缺的问题。

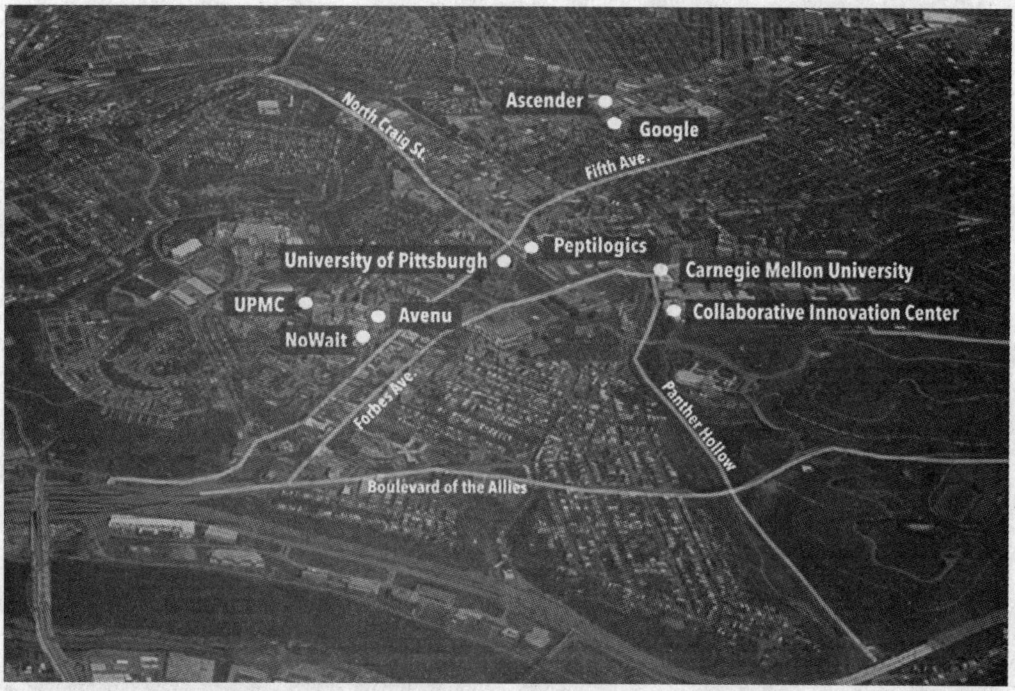

图 2–13　奥克兰创新城区（图片来源：Google Earth。）

（二）基础设施和人才资源

在过去的 24 个月中，大奥克兰已经增加了超过 9.29 万平方米新建筑，包括 Skyvue，该地区最大的公寓大楼提供优雅高档的住宅单位。在奥克兰许多改造后的世纪砖结构建筑里，创业社区在不断增长，沿着第五大道和福布斯大街的零售走廊，步行可到达世界一流的博物馆、公园和独特的商店和餐馆。[1]

奥克兰是匹兹堡最具种族多样性和热闹的社区。著名大学、博物馆、世界一流的医院、宏伟的建筑、古雅的咖啡店、国际美食和专卖店创造了奥克兰独特的景观。奥克兰最大的商业区拥有丰富的大学，是匹兹堡地区学生人口最多的地区之一，拥有 44115 名学生的匹兹堡大学、卡洛大学和卡内基梅隆大学。这三所大学以及奥克兰六所主要医院——UPMC Presbyterian，UPMC Montefiore，Falk 诊所，VA Pittsburgh:The University Drive，Magee 妇科医院和西方精神病学研究所和诊所，为奥克兰附近提供了重要的学习和工作机会，这里分别有 13882 名大学生和 10889 名医务人员。[2]

[1] http://onlyinoakland.org/listings/

[2] http://onlyinoakland.org/only-in-oakland/overview/

根据 WalletHub[1] 的研究，匹兹堡是 2017 年排名第十的 STEM[2] 专业人士地区，RJ Metrics 已经将匹兹堡命名为美国前五名增长最快的创业中心。[3]

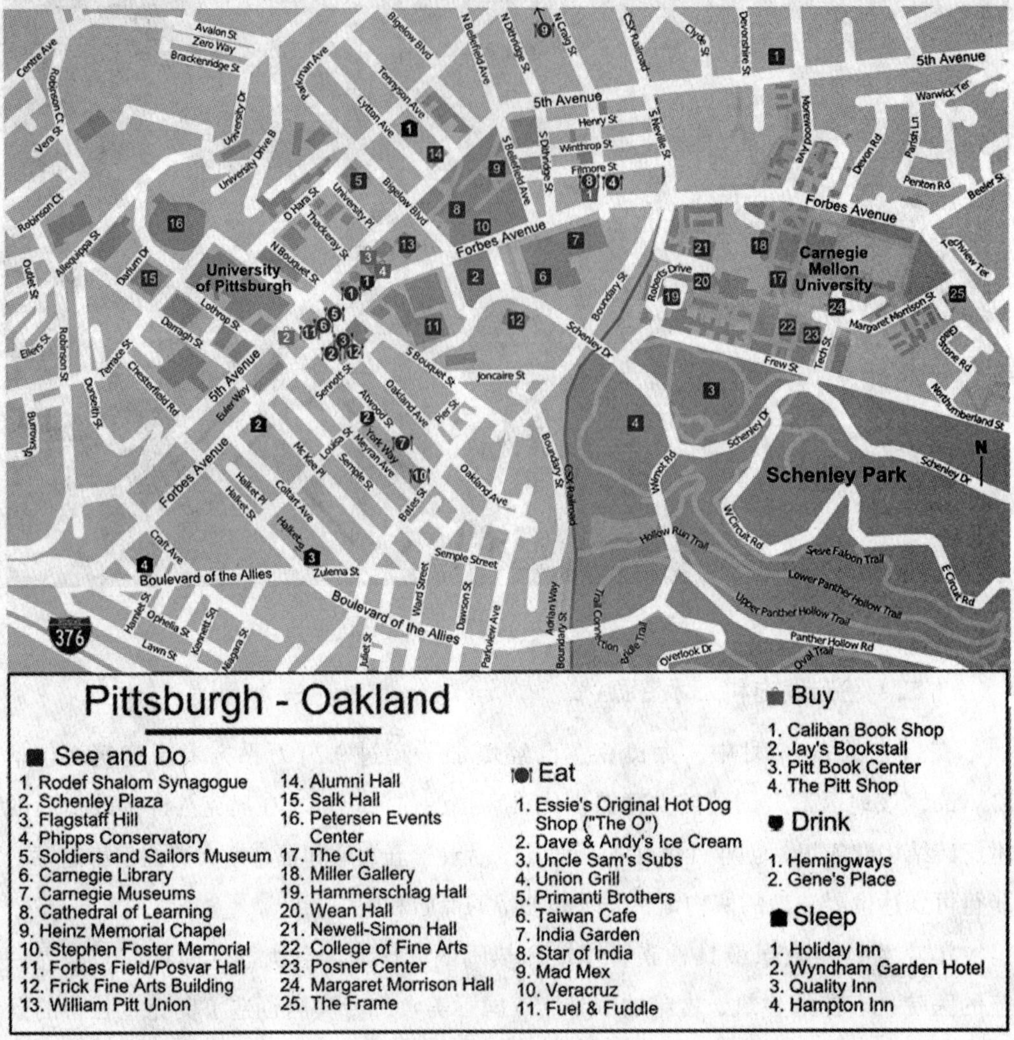

图 2-14　匹兹堡－奥克兰创新城区

奥克兰商业改善区（Oakland Business Improvement District,OBID）和合作伙伴正

[1] 注：WalletHub：是一个基于社交网络的财经平台，致力于帮助用户做出最明智的财务决策，让你节省更多不必要的开支，同时该网站还会进行一些各行业的调查报告，例如城市消费报告、生活质量等。

[2] 注：STEM 由科学 (Science)、技术 (Technology)、工程 (Engineer) 和数学 (Mathematics) 首字母组成，是美国鼓励学生主修科学、技术、工程及数学的一项计划。在美国国土安全局网站上可以查到一个长长的属于 STEM 计划的专业列表，比如化工、计算机科学、物理、数学、生物科学和航空航天等理工科。

[3] http://onlyinoakland.org/listings/

在为奥克兰市中心、北岸和北部商业区的行人和车辆寻路标牌系统进行规划。项目目标包括建立一个统一、全面、独特的道路搜寻系统，连接城市，为每个社区提供的服务，并将客户带入当地的业务、艺术、文化和娱乐场所。这些标志将在整个地区的关键位置，街区入口处设置迎宾招牌、行人标志，帮助人们前往购物区和热门景点。信息亭地图也将放置在主要目的地、聚集区、行人众多的交通区域和主要停车场外。

为实现这些目标，OBID 和合作伙伴签订了由 ARUP 公司领导的顾问团队，并刚刚完成的匹兹堡“道路搜寻战略文件”，这是为奥克兰开发新的车辆和行人标志系统的第二阶段。该策略创建了符号逻辑，并标示了边界、网关、走廊、区域和目的地，并提出了指导标志类型、内容和布局的政策。该团队刚刚开始了第三阶段，将采用完成的策略布置标志，开发信息标志和开始进行原理图设计。[1]

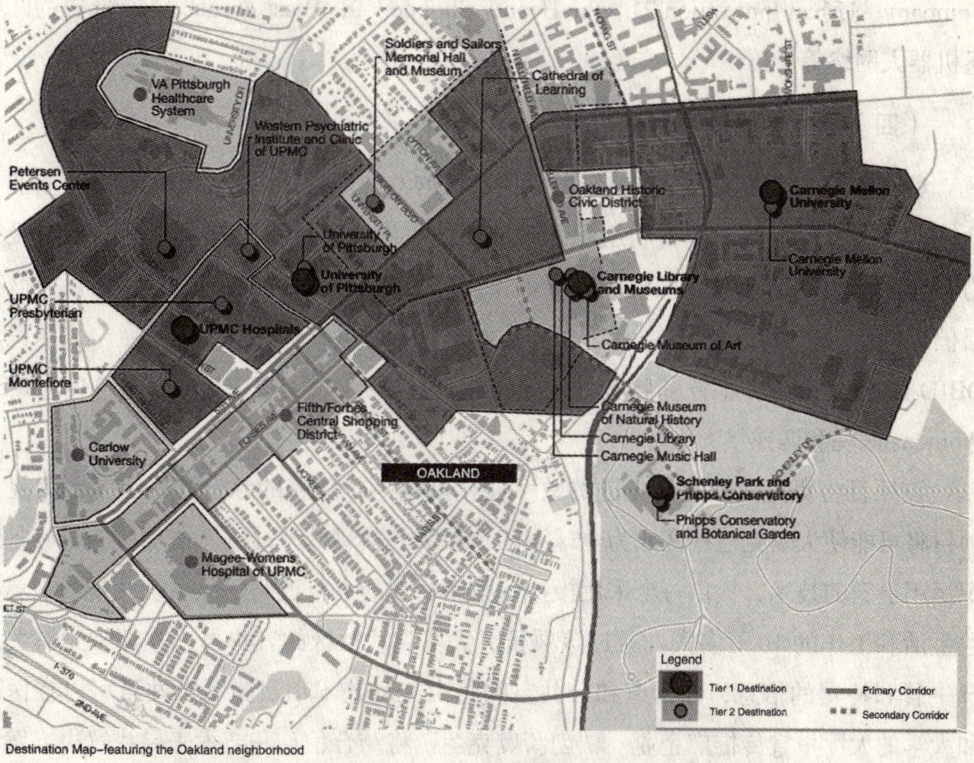

图 2-15　奥克兰改善区布局

（三）产业和创新

在许多方面，奥克兰创新区为广大地区先进经济体的需求提供了独特的缩影，

[1] http://onlyinoakland.org/innovation-oakland/wayfinding-signage-system/

特别是在技术和医疗保健方面。奥克兰是拥有自然密度大和容纳空间小的地区，但它并不是孤立的岛屿。创新区的价值取决于区域管理者、企业和创业公司之间的相互作用以及该地区的就业机会。因此，毗邻区域边界的创新资产与区内的机构一样重要。位于奥克兰东北部的查塔姆大学和 Bakery 广场是谷歌和皮特的人力工程研究实验室和 UPMC 企业的所在地。西北部是劳伦斯维尔，由卡内基·梅隆大学的国家机器人技术工程中心（NREC）主办，也可能是全球增长最快的机器人创业集群。该区东南部是匹兹堡市中心，拥有 45000 多个就业机会，入驻了多家企业的全国总部，如 PNC Bank，Highmark，PPG Industries 和美国钢铁。

奥克兰创新区已经成为科学研究、基础设施和合作空间密集的家园。整个城市的创业空间和项目正在扩展，包括 Alloy26、Ascender、IdeaFoundry、Avenu、Coterie Company、Urban Innovation 21、the Beauty Shoppe、the Blast Furnace、新形成的匹兹堡机器人网络等。

（四）成立专门的项目

奥克兰商业改善区位于匹兹堡奥克兰市区的心脏地带，服务于当地企业、商业、地产业、大学、医院、非营利组织和政府机构，专注于保持奥克兰干净、富有吸引力和充满活力的商业区。该组织领导数字基础设施项目——创新奥克兰项目，该项目倡导创造一个无障碍社区，将艺术和技术提供给新世纪的社区和奥克兰全体居民。OBID 由超过 250 家业务和物业主体组成，包括卡洛大学、UPMC、UPMCMagee-Womens 医院和匹兹堡大学。[1]

该项目将奥克兰通过最先进的数字连接创建一个独特的综合社区。创新奥克兰项目将可能使大奥克兰社区成为全球第四个数字公共领域性社区。该项目的目标是组织运用最新的技术，提供一个采用模拟和数字格式的人行道路信息系统，帮助在奥克兰生活和工作的 10 万多人。通过该项目，大奥克兰社区的客户可以立即检索有关每日午餐和特卖的信息，人行道和公共空间将由互动艺术项目激活，并且可以在医院和大学的大厅里宣传推广企业。“创新奥克兰”将结合信息和艺术来寻找解决方案，创建智能基础设施解决方案，以吸引新用户进入城区的商业区。[2]

[1] http://onlyinoakland.org/obid/overview-2/

[2] http://onlyinoakland.org/innovation-oakland/overview/

第三节　“城市区域再造”型创新城区

一、美国波士顿海港区（Seaport lnnovation District）

（一）重建背景

波士顿海港区拥有超过 4 平方千米海滨资产。在重建之前，海港是作为垃圾填埋场的衰败港口，有大量造船厂、仓库和地面停车场。作为 2010 年推出的波士顿创新区计划的一部分，管理局重新开发了未分配和未充分利用的土地，以“创造促进创新、协作和创业的城市环境”。[1] 该计划的指导原则包括促进协作，提供公共空间，包括新型住房。现在，海港区是包括工业空间、科技办公室、创新实验室、零售、住宅、酒店、公民空间、文化机构和波士顿会展中心的组合区域。2000 年以来，海港已开发了 1000 多万平方米，俯瞰波士顿港的主要海滨房地产，已经重新成为后工业化的目的地。

（二）再造活动主要参与者

波士顿重建局与市长办公室合作，带动了该地区经济增长的大部分规划。在实施创新地区计划之前，他们共同努力将公民用途移至海港。

开发商一直在重新设想将海港开发为混合区域。Fallon 公司是一个早期投资者，拥有约 8.5 万平方米的 Fan Pier 开发土地，增加了 27.87 万平方米的办公室、酒店、码头、开放空间、零售和公寓区域。海港广场是波士顿最大的计划项目，沿海港口的约 9.3 万平方米土地正在开发为 20 个城市建筑，包括开放空间、住宅、办公室、餐饮、零售、娱乐、教育和文化空间。[2]

（三）再造项目利用

2004 年在波士顿海港区建成现代波士顿会展中心（BCEC），成为未来重建的主力，也是住宅和工业用途之间的缓冲区。去年，BCEC 举办了近 80 万人次的会展活

[1] http://seaportinnovationdistrict.com/

[2] Danielle D’Ambrosio.Seaport: The Innovation District Hits Its Stride[EB/OL].http://www.linkedin.com/pulse/seaport-innovation-district-hits-its-stride-danielle-d-ambrosio,2017-1-31

动，共有 615000 间酒店客房用于夜间住宿，产生了 6.1 亿美元的经济效益。[1] 当代艺术学院于 2006 年建成，平均每年吸引 20 万人次前往，增加的游客促进了该地区不断发展高档餐厅。

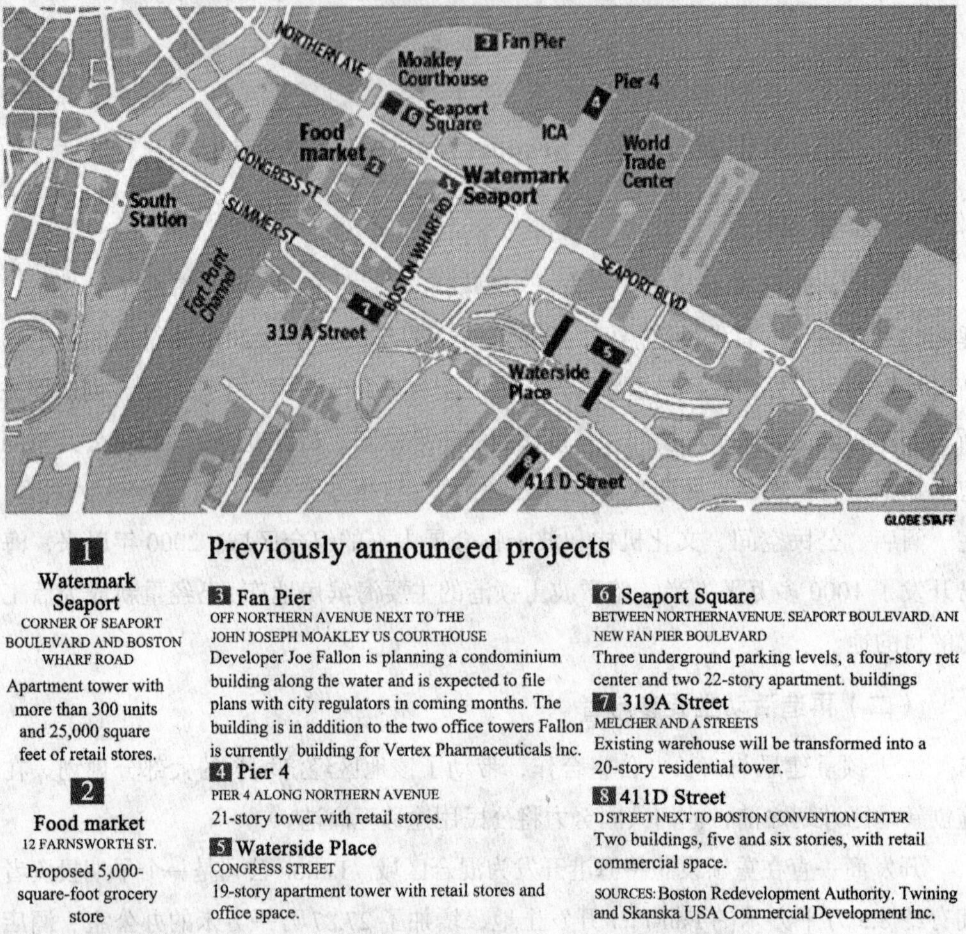

图 2–16　波士顿海港区

（四）交通升级改造

被称为“The Big Dig”的中央动力 / 隧道工程 I-93，将一个过时、拥挤的高架高速公路 I-90 延伸到海港区和洛根国际机场。该项目使私家车能够到达波士顿地区。

作为“The Big Dig”的公共交通部分，Silver Line BRT 是通过海港区建成的，大部分是分层次的地下道路。从海港区西可步行到波士顿的主要火车总站南站，南站由城市最繁忙的快速公交线（MBTA 红线）、12 条通勤铁路线中的 8 条和 Amtrak 东北

[1] Matthew Ree Baker, Chris Vogel, Patrick Doyle.The rise of the Seaport[J/OL].http://www.bostonmagazine.com/2012/07/rise-seaport-district-boston/.

走廊提供服务。海港运输管理协会提供可持续的通勤方案，包括拼车、NuRide 和自行车计划。创新与设计大楼设有往返北站的 MBTA 和南站的私人班车。随着今后的发展，将不断扩大南站中转枢纽，增加水上交通以缓解拥堵。

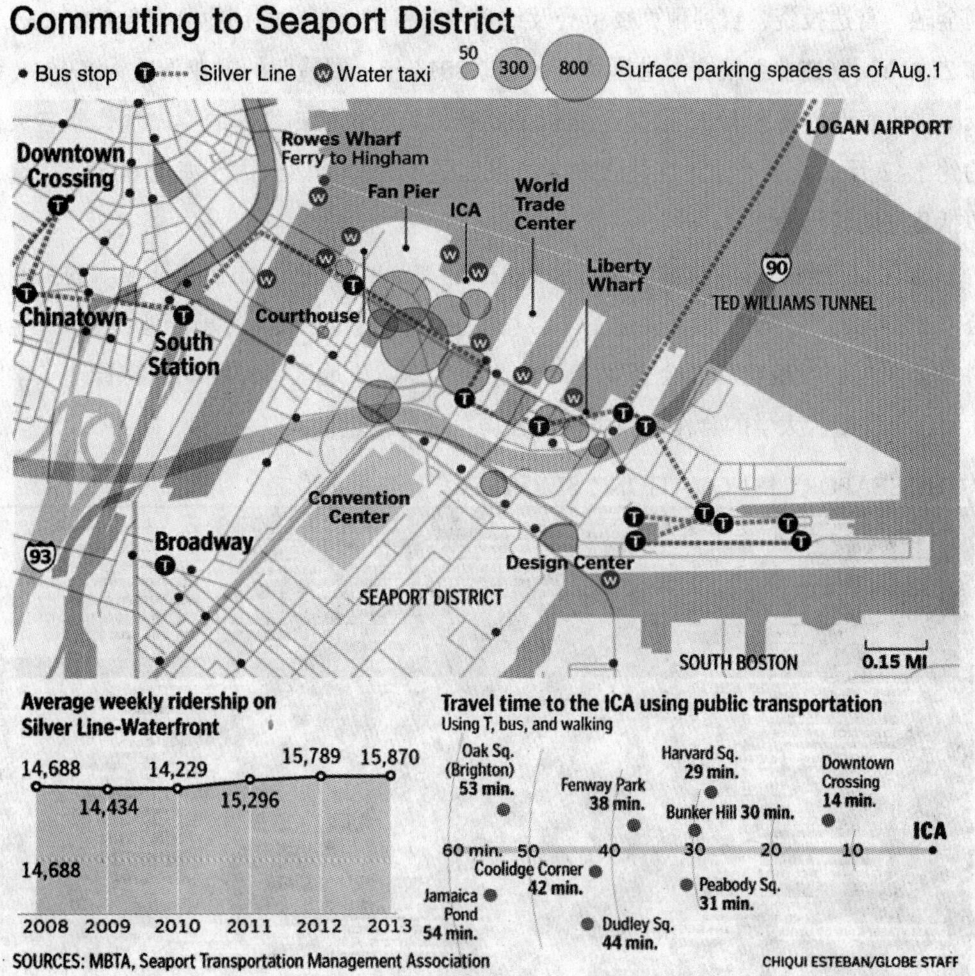

图 2–17　海港区的通勤

（五）劳动力发展

最近美国人口普查就业数据报告，海港创新区拥有 34000 多个就业机会，自 2011 年以来增加了 4000 个工作岗位。2014 年最多的就业岗位是科技服务业，有 10000 个就业岗位，比 4 年前增长了 42%。73% 的工作人员年薪超过 40000 美元，其中包括过去四年来增加的许多工作岗位。波士顿市预计在不久的将来将增加 2500 个工作岗位。

（六）产业转型升级

海港创新区计划自 2010 年完成，已有 200 多个新项目开展，增加的范围从大型公司到位于孵化器空间内的小型创业公司。海港创新区的主要雇主包括福泰制药、宏利金融、富达投资、吉列预算委员会及约翰·汉考克，年轻的创业公司包括 LogMeIn 和 ZipCar。制造业继续在海港区留有足迹。2014 年，制造业的就业人数为 8.9%，而 Esri 估计海港创新区有 75 家制造业相关业务，其中包括四家啤酒厂。现代制造大楼的约 1.42 万平方米土地正在建设中。海港区的一部分仍然致力于海运和工业用途，包括建立游轮码头。[1]

孵化器空间是海港技术经济进步的关键。约 40% 的新公司正在低成本的共同办公室和孵化器中分享空间，促进了非营利性组织、清洁技术、教育、创意经济、生命科学公司、研发机构和社会企业家等行业的合作。该地区不断推动与麻省理工学院（MIT）和哈佛大学的合作，吸引初创公司落地海港创新区。

THE SEAPORT INNOVATION * SERVICES

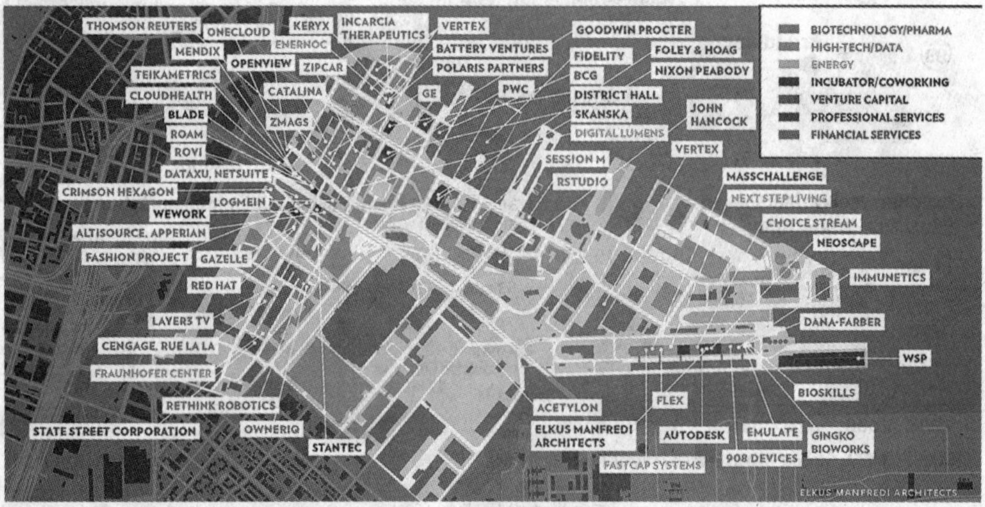

图 2–18　海港区的创新与服务

（七）未来发展规划

海港创新区规划每个街区的未来发展，计划提高会议中心的承载能力，预计海港将再建 1800 至 2000 间的酒店客房。目前，正在建设约 12.08 万平方米的办公空间。GE 近日宣布将其全球总部迁至海港创新区，将占用约 2.79 万平方米的新建和现有建筑物，雇用约 800 人，计划到 2018 年底完成。目前，有 2700 多个住宅单位正在

[1] http://seaportinnovationdistrict.com/

建设中。不过，企业家和创新者能否负担得起这些房屋的价格，仍然是一个令人担忧的问题。

（八）资金支持和激励措施

通用电气和福泰制药都受到了州政府激励措施的支持。预计通用电气将从该州获得 8000 万至 1.2 亿美元的资金，并获得因搬迁至波士顿市高达 2500 万美元的财产税收优惠。Vertex 于 2013 年迁往海港创新区，成为 2015 年 TIF（税收增额融资制度）补贴的受益者，该补贴为他们节省了 1200 万美元的房地产税。这些激励措施被视为创造就业机会和提供未来税收收入的一种方式，用于为公共服务提供资金。该市的沃尔什市长表示，该地区的税收从 2005 年的 1600 万美元增加到 2015 财政年度的 1.01 亿美元。[1]

波士顿的“包容性发展政策”（IDP）适用于拥有十个以上单元的住宅开发项目，该计划自 2000 年以来已经带来了 3000 多个新单位。2016 年早些时候，沃尔什市长宣布在波士顿推出密度奖励政策试点计划，鼓励开发商建立更加密集的交易平台。除了其他房屋创新优先事项之外，这也是市长住房创新实验室试点项目的一部分，该计划旨在到 2030 年前完成对波士顿 20000 个中等收入居民家庭的住房需求。

二、巴塞罗那普布诺（Poblenou）

（一）概况

巴塞罗那普布诺是全球第一个成功创新城区。普布诺位于巴塞罗那市区核心区域，最近两个世纪以来一直是巴塞罗那和西班牙的制造业中心。随着欧洲经济的调整和转型，该区域逐渐走向衰落和萧条。为重振昔日辉煌，普布诺工业区于 1992 年利用奥运会举办的机会，通过实施以“22@ 计划”为核心战略的滨海区域废弃工业区改造计划，将以原来生产、仓储和集装箱码头等为主的海岸区改造为具有新兴功能的港口，带动城市区域复兴。此后 20 年，该计划的实施推动了知识密集型产业的发展，使普布诺由老工业区成功转型为创新城区。

（二）制定实施“22@ 计划”

2000 年 7 月，巴塞罗那城市委员会通过普布诺地区再开发的地区总体规划修编 (MMPG)，提出要以 22@(指新兴的知识技术密集型产业) 代替 22a（传统工业生产的专用代码），这就是著名的“22@ 计划”。“22@ 计划”规划的范围原先为普布诺的

[1] Innovation District Case Studies[R]. Goodman Williams Group, 2016-11-3.

纺织工业区，占城市土地200公顷，该计划对这200公顷的废弃工业用地进行再开发，重塑普布诺地区作为巴塞罗那城市经济枢纽的生产任务，并根据知识经济时代的需求，来打造全新的城市空间组织模式，[1] 以形成一个由创新型经济引领的新城区。

（三）充分规划与利用土地

为提高空间利用和土地利用的效率，吸引人才和创新要素，创造集聚经济效益，22@计划中特别强调多元化土地利用方式，其中主要用于研发机构、公共基础设施和创新活动三个方面。如允许少数以高科技产业为主的办公楼宇可以加大容积率，以鼓励企业总部及研发机构入驻并吸引高素质产业工人；将至少10%的土地用于公共设施建设；强调应用研究、新技术开发和培训等新经济活动，努力推动实现大学、技术研发机构和生产活动协同创新。目前，加泰罗尼亚的所有大学都已在22@区域设立分支机构，而且每个大学都会在主要的经济区域设立一个技术中心。[2]

（四）创新经济网络组织与人才服务

针对经济与产业创新，22@计划提出塑造各种服务部门共存、多元且活跃的城市产业组织，利用同类产业集群中企业公共结构和科技中心集聚，发展信息和通信技术、设计、生物科技及能源等新兴产业，打造国际领先的产业集群。

通过22@Espai衍生计划来发展人才战略，帮助企业家或者创业者在区域建立更好的人际网络关系，推动地方企业与国际企业之间的技术合作和风险投资等。通过推进社区建设、塑造创新文化，培育企业、研发机构以及社会组织之间的合作关系，提升区域生活品质，强化居民的归属感。

（五）创新发展与保护传统并重

整个区域在改造过程之中，普布诺十分注重保护其独特的工业文化，制定了严格的工业遗产保护计划，将114个重要单位列入历史和文化遗产严格保护。同时，对区域的主要街道和重点区域实施更新改造，使之既满足街区多功能使用需求，又保留区域传统工业文化特色，做到以新辅旧，推动建筑与周边城市环境协调发展。[3]

---

[1] 屠启宇．国际城市发展报告[M]. 北京：社会科学文献出版社，2016（02）。

[2] 李健．创新驱动城市更新改造：巴塞罗那普布诺的经验与启示[J]. 城市发展研究，2016,23(08):45-51。

[3] 李健．创新驱动城市更新改造：巴塞罗那普布诺的经验与启示[J]. 城市发展研究，2016,23(08):45-51。

（六）扩大公共空间，提供公共设施

“22@ 计划”注重推动生产经营和居住功能的混合开发利用，通过鼓励人们在工作单位附近就近居住，推进当地的商业发展和消费繁荣，以保持白天经济旺盛的活力。政府对一批家庭的原有住房进行改造并建造新的住户，提升利用功能和外观品质，以改善居住条件和功能，加强人们生活和工作之间的平衡。22@ 计划将约 10% 的工业用地改造为绿地，按照最高标准建设街道和公共空间，打造区域活动、交流的中心。制定实施重大基础设施规划，更新改造基础设施网络的，吸引了更多私有部门和政府管理部门进驻该区域，增强了城市环境的可持续性。

三、西雅图南湖联盟区域（South Lake Union,SLU）

（一）创新重塑城市化地区

在 19 世纪早期，南湖联合区域是繁茂的林地，后来成为锯木厂和重型制造业行业的重要场所。1998 年南湖联合区域邻里计划（The South Lake Union Neighborhood Plan）为发展传统工业和制造业保留了大部分土地。然而，近年来，越来越多的办公楼、生物技术和住宅都是在附近开发，土地所有权改变，商贸业务不断关停。过去 10 年，南湖联合区域从一片破旧的仓储区，发展成为一个具备多种功能的区域经济发展引擎。

南湖联合区域的转型是由火神房地产公司（Vulcan Real Estate）主导的，该公司是由微软联合创始人保罗 • 艾伦控股。艾伦组建火神房地产公司开发不动产，收购该区域破败的建筑。在 2000 年底，该公司吸引了华盛顿大学将其医学和生物科学校园设在该地区。在 2000 年，亚马孙决定将其全球总部设在南湖联合区域，不仅推动了住宅和零售业的发展，也推动了该地区创业生态环境的完善。[1]

南湖联合区域现在有很多多元化的零售企业、写字楼、公寓和酒店，都在强调适宜步行、方便的公共交通和可持续发展的建筑。[2] 该地区被布鲁金斯研究所(Brookings Institution) 评为美国七个创新区之一，因为它强调连通性、技术性和宜居性。它融合居住交通功能，吸引了全球高科技企业和生命科学领域的众多优秀企业。[3]

---

[1] 元浦说文微信号 . 文创高新区研究专辑 - 美国创新区案例 [EB/OL].http://www.sohu.com/a/108786659_179557,2016-08-03

[2] https://www.discoverslu.com/about/

[3] 西雅图南联湖区域，一个令人心动的地方 [EB/OL]. 搜狐网 ,http://www.sohu.com/a/132342672_165633,2017-04-06。

布鲁金斯学会副主席、布鲁金斯大都会政策方案的创始主任 Bruce Katz 在报告中把南湖联合区域列入了“重新想象市区”模式的例子。

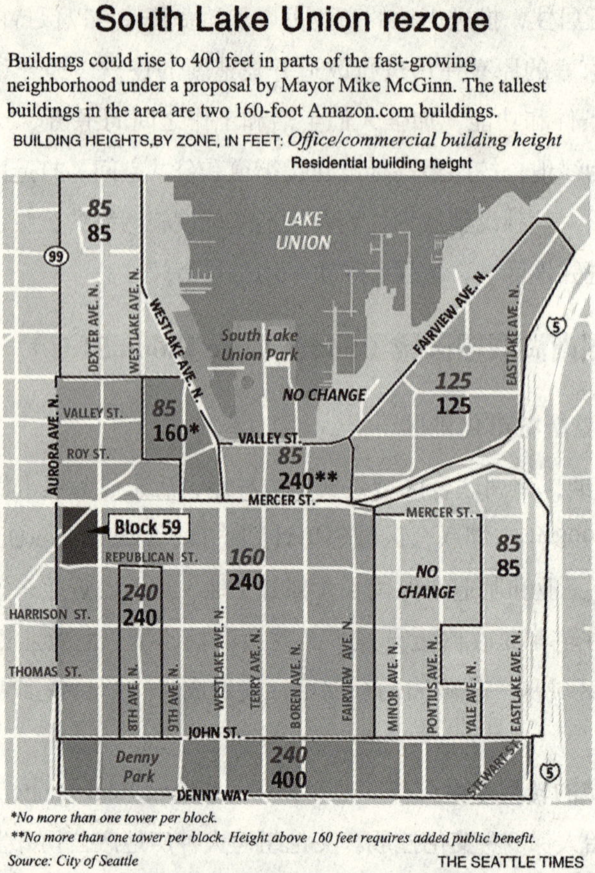

图 2–19　南湖联合区域

（二）关键活动者驱动地区创新成长

火神房地产是南湖联合区域主要的开发商和土地所有者，他们的开发项目包括 5 万平方英尺的办公楼、生命科学研究场所、社区住宅和邻近地区的混合使用项目，关注于可持续性、保护性，基础设施和宜居性发展的创新城区发展新模式。这些核心价值观影响了南湖联合区域的发展，使其成为一个充满活力和富有成效的创新中心。[1]

随后南湖联合区域成功引导亚马孙公司在附近建立总部，亚马孙宣布它将在 2007 年南湖联合区域电车通车前尽快把总部迁到南湖联合区域地区，随后该公司租下总共 11 栋来自火神房地产公司的办公楼。追随亚马孙的搬迁，对技术办公室、零售和住房

[1] Fostering Innovation Through Neighborhood Developmen[EB/OL].http://www.vulcan.com/news/articles/2014/innovation-zone-slu-july-2014,2014-7-23.

的更大需求随之而来，“人才引发人才”吸引更多人才和创新企业到来。

（三）交通模式创新疏通发展的动脉 [1]

南湖联合区域是西雅图市中心的自然延伸，它最强大的资源之一是它的街道和街区结构完全交织在市中心的南部和邻近地区。为了补充城市主要的以公交为基础的运输系统，1.3 千米的南湖联合区域市内有轨电车 2007 年通车。

在通车以来的几年中，该地区不断增加投资改善服务，并与附近地区主要的土地开发工程相互协同，如增加 10~15 分钟的服务时间，并提供专用车道。停车场主要是地下停车场，因为街道是有意为更加偏向行人而建造。骑自行车仍然是一个广受欢迎和鼓励的交通方式。作为对城市通勤出行减少交通需求管理的方案一部分，西雅图制定了实现到 2017 年单人驾驶模式占南湖联合区域不到 40% 的目标。

通过公私合营（PPP) 方式，解决公共交通的公共资金，改善交通拥挤问题，提高能源供给。私营单位已经投资于南湖联合区域的公共交通改进当中。自 2011 年，Fred Hutchinson 癌症研究中心、健康合作集团、UW Medicine 和 Amazon.com 认购了运行于夜间高峰时段的第三列电车。

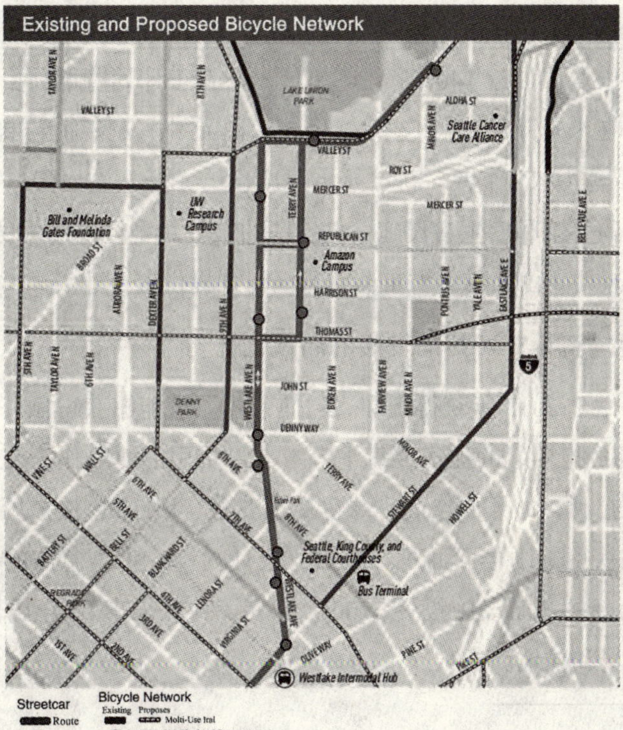

图 2-20　南湖联合区域现有及规划中的自行车网络

[1] https://www.discoverslu.com/

（四）合理的产业发展助推创新落实[1]

南湖联合区域的主要包括华盛顿大学医学院、弗莱德哈钦森癌症研究中心、西雅图生物医学、西雅图癌症护理联盟、Group Health（集团医疗）以及 PATH（恰当医疗技术项目）等大量生物技术公司，并鼓励协作和合租。此外，盖茨基金会也位于附近，进一步将这一地区与全球健康研究的前沿相连。越来越多的技术和生物医学领域项目也吸引了 WeWork[2] 众创空间入驻。2014 年，这个公司开放了 WeWork 南湖联合区域 5110 平方米的共享合作空间，目前有超过 1000 名成员。谷歌宣布将建设一个拥有 55740 多平方米办公空间、地面零售、150 套位于办公空间上方的单元住房和地下停车场的新园区，它有望到 2019 年给该地区带来 3000~4000 名新员工。Facebook（脸书网）也计划在该地区扩张，继续将南湖联合区域发展成为西雅图的技术先锋。

（五）完善的住宅规划提供基础保障

2007 年南湖联合邻里计划综合利用混合用途的社区土地，为城市可持续增长和住房前景提供了前瞻性指南。在 2013 年，一项新的城市中心设计框架，包括湖滨马路的使用指南及奖励性的分区密度计划被邻近地区批准。

2014 年，近 3000 个家庭住在南湖联合区域，大约是 2000 年住户的三倍。火神公司在过去十年中发展了近 1400 个住宅单位，并且正计划着增加更多住宅。该地区新的高层项目将在未来几年增加 5000 多个住房单元。[3] 许多住宅单元计划针对该地区技术和生物医学产业工作者，新单元主要出租给无子女的居民。住宅市场给该周边地区带来了新的餐馆和夜生活设施。该地区的五个大型经济适用房项目有超过 280 个单元，将于最近几年由西雅图城市奖励分区计划提供资金建设。

（六）充足的资金支持打消发展的后顾之忧

奖励分区计划于 2013 年获得批准。它使开发人员能够获得额外楼面面积，并以提供 15% 的当场负担得起的住房或每平方米支付费用的津贴作为交换。开发商也能够通过提供公共福利，如开放空间、绿色街道改善、以 TDR 保护历史结构或保护区域农场和森林来获得奖励楼面面积。奖励分区计划预计将为急需的经济适用房引资 4500 万美元，为新的基础设施投资 2700 万美元，并在未来 25 年内保留约 101.17 平方千米的农村农场和林地。

---

[1] South Lake Union Discovery Center.https://www.discoverslu.com/about/.

[2] 注：WeWork 是一家总部位于美国纽约的众创空间，为创业人士提供服务。截至 2016 年 3 月，WeWork 在全球的 23 座城市拥有 80 个共享办公场所。

[3] Innovation District Case Studies[R]. Goodman Williams Group,2016-11-3.

（七）创新发展无止境

在过去十年，已有 50 多个新建筑完工或正在建造，同时还有更多建筑正在计划当中。南湖联合区域城市中心分区变更在 2013 年得到批准，允许通过奖励分区计划增加密度。这项计划有望在下一个 20 年增加 12000 个家庭和 22000 个工作机会，这些都超出了最初的增长预测。蓬勃发展的科技、生物医学和非营利性部门带来了对电力的更大需求。丹尼变电站是一个创新公共基础设施的项目，将融合基础设施\城市设计和公众开放空间的功能。它计划于 2018 年建成，将以风能和水力发电为动力，旨在重新定义公共事业和城市空间的作用。

四、布鲁克林海军码头区域[1]

纽约布鲁克林海军造船厂区域位于该市曼哈顿与威廉姆斯堡大桥之间，沿东部河区布局，属于纽约市的核心区域。该区域是纽约市最大的工业综合园区，有 200 余年的悠久历史。1801 年，建立了海军造船厂。二战期间，该造船厂都是美国海军的主要造船基地。20 世纪 70~80 年代，该区域进入衰败期，就业一度下降至 1000 人的低水平。2004 年，纽约市开始对该区域实施整体改造及基础设施更新计划，在历时 10 年的更新改造过程中，逐渐将码头区域从传统的工业区及海事设施区域改造为布鲁克林新一代制造产业发展中心。

（一）以高新制造业企业发展带动传统建筑改造

重视利用产业发展带动建筑的改造更新。其中核心项目是 77 号大厦，改造的目标是要将其转化为一个集生物医药、高科技创新企业以及小微型制造业企业于一体的中心区。随着更新的推进，高科技制造业企业逐渐成为区域的重要成员。

（二）推进就业

1999 年，开发公司在造船厂区内建立了海军造船厂就业中心，提供区域性的就业培训服务。通过就业中心的服务，开发公司与造船厂区域的业主共同为拥有多层次技能及教育背景的纽约市民提供了市属工业园区的就业岗位。

（三）更新项目与可持续发展相结合

更新项目推进中，不仅关注项目的社会效应、经济效益，以及产业转型内涵，

---

[1] 苏宁 .【国际城市观察】中心城区传统工业区改造——纽约布鲁克林造船厂区域更新 [EB/OL]. http://mp.weixin.qq.com/s?__biz=MzAxNTIxNzE1NQ==&mid=2651421808&idx=1&sn=fa8abe2ae45de48966de5b5a1ec7f21f&scene=2&srcid=0809prGKgFDfmEOX9WtFBL0x&from=timeline&isappinstalled=0#wechat_redirect, 2016-08-09/2017-09-27.

同时还努力将区域更新与可持续发展目标相结合，提升城市更新的环保内涵。着力于建设良好社区，关注周边社区在经济与环境方面的利益平衡。着力构建绿色产业园区，提供发展的良好环境。从多个领域推动区域的可持续发展，同时十分重视环境技术在更新项目中的实际应用。

（四）推动公众参与

政府及公立机构在更新项目的权属和规划中起到了基础性的作用，确定非营利性组织为更新项目的管理方。此外，推动民众加深对区域历史、项目推进等信息的了解，同时促进区域的整体发展。

五、德国鲁尔区

鲁尔工业区是德国最重要的工业区，其面积为 4593 平方千米，占全国面积的 1.3%。它形成于 19 世纪中叶，是典型的传统工业地域，被称为“德国工业的心脏”。20 世纪 50 年代末到 60 年代初，随着石油的普遍开采，煤矿逐渐被其所替代，煤炭开采业步入衰退。鲁尔区的石煤开采量和就业人数持续下滑，甚至开始有大量矿井关闭，导致大量工人失业。1987 年，其最高失业纪录达到了 15.1%[1]。而煤钢产业是鲁尔区的支柱产业，所有其他产业均与前者相关，受到前者衰退的影响巨大。因此，煤钢产业的危机最终引发了整个区域的衰退。

为了应对此时的“煤炭危机”“钢铁危机”，政府出台了一系列重大举措，实施“去工业化”（de-industrialization），来推动鲁尔区的经济转型和产业改革。调整改造传统工业，大力清理、整顿传统老矿区，改善投资环境；进行物流建设，完善交通运输网，水陆联运，进而推动区域综合开发；与高校进行密切合作，将科研与鲁尔区改造实践相结合，并改革传统教育，结合本地区的经济发展现状，对本地区区域经济进行研究；设立环保机构，完善环境管理和基础设施建设，推进可持续性发展。

20 世纪 80 年代以来，鲁尔区开始了“去工业化”结构转型的发展道路。二十年来，鲁尔区的结构转型飞速发展，第三产业也显示出了它的价值，其增加值占地方国民经济总增加值的 65%，高于全国的平均水平 [2]。此时，鲁尔区提出“区域政策区域化”的口号，要求享有更多的自治权，尽量避免“携带效应”。后来，受欧盟区域政策的影响，区域政策被视为地方官员合作的基础，积极促进新企业建立。考虑到公共

---

[1] 李蕾蕾 . 逆工业化与工业遗产旅游开发：德国鲁尔区的实践过程与开发模式 [J]. 世界地理研究，2002(03):57-65

[2] 海尔曼 · 皮拉特，杨志军 . 德国鲁尔区的转型与区域政策选择 [J]. 经济社会体制比较 ,2004,(04):72-75.

财政的困难，鲁尔区精炼结构，实行分散的区域政策，并在此基础上加入竞争政策，以此来调动新兴企业的积极性。

此外，鲁尔区也进行了文化品牌建设，大力发展文化产业。2006 年，鲁尔区埃森市当选为 2010 年“欧洲文化之都”；2003 年，鲁尔区每 13 家企业中就有 1 家从事文化产业。创意产业大量落户鲁尔区；2007 年有超过 11000 家创意经济企业，员工 86000 个，年营业额 61 亿欧元。2001~2007 年，创意企业数量增加了 27%，营业额增长了 63%。[1]

第四节　“城市化科技园区”型创新城区

美国作为最发达的资本主义国家，其强大的根本原因在于对知识创新的重视，而非物质资本和要素资源的单纯积累。美国在产学研协同创新发展方面也是最好的国家之一，是科技工业园区的创始者和发源地。从 20 世纪 50 年代开始，一些如今耳熟能详的产学研创新基地如“硅谷”“128 号公路”和北卡罗来纳州“研究三角园区”等相继涌现，成为推动协同创新、促进区域发展的典范，世界各地竞相模仿。

一、硅谷（Silicon Velay）

硅谷（Silicon Valley）位于美国加利福尼亚州北部、旧金山湾区南端的圣塔克拉拉县（Santa Clara County），是加州圣塔克拉拉谷（Santa Clara Valley）的别称。这里最早是因研究和生产以硅为基础的半导体芯片而得名。硅谷是世界最著名的大学科技园区和创新集聚区，是电子工业和计算机业的王国，拥有世界上最密集的高新技术区。目前它已有大大小小电子工业公司达 10000 家以上，所产半导体集成电路和电子计算机约占全美 1/3 和 1/6。[2]1998 年美国硅谷就成为世界第二十一大经济体。硅谷集聚了世界各地具有不同文化背景的优秀人才，形成了美国经济社会发展方向——“信息”社会的典型。

[1] 德国鲁尔工业区改造 [EB/OL].http://www.archcy.com/focus/renovation/576a2c8d978e6c89, 2011-09-22/2017-09-27.

[2] 美国硅谷是做什么的？硅谷有哪些著名的公司？[EB/OL]. 硅谷网，http://www.guigu.org/rollnews/2017021295628.html

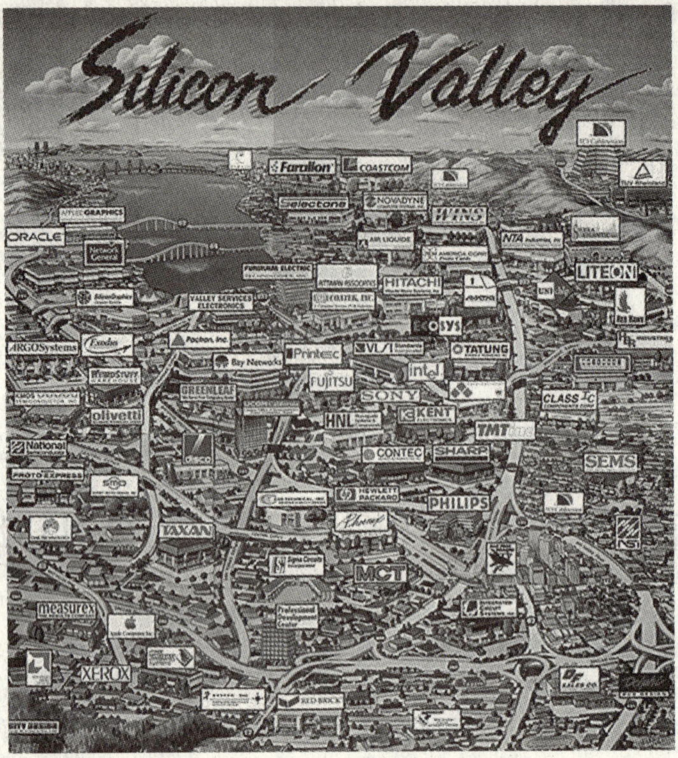

图 2–21　硅谷

（一）硅谷的发展历程

硅谷的发展始于 20 世纪 50 年代，经历了几个不同的发展阶段。

1. 20 世纪 50 年代，国防工业阶段。二战及之后的朝鲜战争催生了对电子产品的巨大需求，硅谷以发展军事技术为主，美国政府支持了很多研发机构，并建立了许多科技研发的基础设施，硅谷的企业依靠电子产品的需求获得了快速发展，其中包括惠普（HP）和瓦里安医疗系统公司（Varian Medical Systems）两大企业。

2. 20 世纪 60 年代，半导体产业阶段。20 世纪 50 年代末集成电路的出现，引起了六七十年代半导体产业的井喷式发展，硅谷企业的目光又转向成长最快的半导体产业。这一波科技浪潮催生出肖克利半导体实验室和仙童公司，又衍生后来如日中天的英特尔、AMD 等著名的芯片公司。正是在这一时期，一位记者（Don Hoefler）创造了 Silicon Velay 一词，自此，“硅谷”的名称开始传遍全世界。

3. 20 世纪 70 年代，PC 时代。经历了军事工业和半导体两次新技术浪潮，硅谷的公司具备了坚实的技术基础，并将注意力集中到 PC 和局域网络 (LAN) 产业。自制电脑俱乐部（Homebrew Computer Club）的年轻天才们孕育出了包括苹果公司在内的 20 余家计算机公司。

4. 20 世纪 80 年代，互联网时代。互联网的商业化和万维网的创建给了硅谷又一次机会。硅谷依托其强大的技术实力，再次引领技术变革的潮流，成为互联网革命的领头羊。硅谷的企业逐步吸纳了软件技术与产品等方面的业务，软件和网络成为硅谷最重要产业之一。这一时期，令人瞩目的明星企业有网景（Netscape）、思科（Cisco）、3Com 等公司。

当今的硅谷依然站在世界科技潮头，引领着世界科技发展的方向和科技创新的最新潮流。目前硅谷的代表性产业为移动通讯、生物科技与纳米科技，以及近年来刚刚兴起来的清洁能源、人工智能等新兴产业。

（二）硅谷的成功之道

硅谷的成功经验归纳起来主要有以下几个方面：

1. 高技术科研机构支撑。硅谷拥有世界顶尖大学和科研机构为依托的科研力量，其中包括斯坦福大学 (Stanford University)、加州大学伯克利分校 (UC Berkeley)、圣塔克拉拉大学 (Santa ClaraUniversity), 以及大量社区大学和各类研究实验室。这些大学和科技机构积极投身于产业活动，在硅谷地区发展过程中扮演了重要的角色，为当地的企业提供了雄厚的研究基础和世界上最前沿的科学技术支持，使得硅谷拥有了最强大的产学研创新系统和研发力量，带动美国甚至整个世界的行业创新发展。

硅谷的大学是创新者的摇篮，不仅鼓励科技人员进行技术创新，并且制定实施了鼓励科技人员兼职创业的政策。如斯坦福大学的政策主要有：[1]

（1）允许教师和研究人员每周到企业兼职一天，从事技术研发和企业经营。

（2）允许他们脱离岗位 1~2 年创办科技企业或到公司兼职，学校保留其职位。

（3）教师在学校获得的科技成果，由发明者本人负责向公司转移的，学校与其签署许可合同，所获得的知识产权收益，学校只提取 10%~15%。

（4）学校的应用性成果在 1 年之后仍未向企业转移的，发明者可自主向企业转移，学校一般不再收取收获回报。

这些政策实施多年来，已经较为完备，并且学校有专门机构 (如知识产权办公室) 来负责科技成果转化合同的签署和管理。这些措施的实施，一方面可以大大提高科技人员的创业积极性，推动科技成果的产业化。另一方面又保持了这些创业者们与学校的联系，可以不断地从学校这个科技源泉中吸收新的营养。同时，这种创业过程对教师和科技人员来讲，也是一个开阔眼界和知识更新的过程，这对于他们的教学和

[1] 主要国家促进产业园区发展的政策经验 [EB/OL]. 国务院新闻办公室门户网站 , http://www.scio.gov.cn/zhzc/6/2/Document/1344608/1344608.htm, 2013-08-27。

科研工作，都是十分有益的。

2. 充足的高科技人才和多元文化。硅谷实现了全球化的劳动力资源配置，并形成了面向全球一体化的科技人才流动机制。硅谷吸引了上百万名高层次技术人才，其中包括数万名自然科学和工科博士。美国科学院院士在硅谷任职的就有上千人，获诺贝尔奖的科学家就达数十人。他们大多数是来自世界各地的佼佼者，不仅母语和肤色不同，文化背景和生活习俗也各有所异。如在亚洲裔员工中，华裔占 51%、印度裔占 23%、越南裔占 13%、菲律宾裔占 6%、日本裔占 4%、韩裔占 3%。[1] 这样一大批科技专家聚在一起，必然思维活跃，互相切磋中很容易迸发出创新的火花。多元文化的交融允许差异存在，积极进取、敢冒风险、大胆创新、精诚合作、容忍失败、能力至上等诸多因素的硅谷文化促进了科技创意的萌发和创业的激情，体现了商业模式的实质，这也是硅谷成功的要素之一，是硅谷的制胜之道。

3. 企业聚集引发的产业集群效应。美国硅谷不仅有电脑及半导体，更有互联网、软件产业、风险投资等企业聚集，融科学、技术、生产于一体，汇聚了包括苹果、谷歌、英特尔、脸书、雅虎等一大批世界知名的高新技术跨国公司。众多企业形成了企业集群，这些公司既相互竞争又相互依赖，利用区位优势和地理的邻近性，通过共享人才、技术、资金和供应商、网络，减少了交易成本，实现了共赢发展，创造了极高的生产力。

4. 建设科技孵化器，提高创业成功率。美国各级政府出资组建了 500 多家高新技术企业孵化器，为高新技术企业创业者提供低租金办公场所、网络和通信设施、法律、企业管理等多种形式的服务。据统计，在美国 500 家企业孵化器中，经“孵化”的高新技术企业的成功率为 75%，是未经“孵化”的高新技术企业成功率的 3 倍。[2] 美国硅谷形成的高科技企业涌现现象与其孵化功能水平高度密切相关。

二、北卡罗来纳州创新三角园区（The Research Tri-angle Park of North Carolina, RTPNC）

目前位于美国北卡罗来纳州的“研究三角园区”是世界上最大的科技园区，也是高校与经济相对落后地区实现协同创新的后起之秀。

---

[1] 全球最多的 500 强企业，在这里诞生 [EB/OL]. 搜狐网，www.sohu.com/a/201969057_805847, 2017-11-02

[2] 韩滢滢 . 国外高新区集聚科技创新人才的经验研究 [J]. 市场周刊（理论研究）,2008(12):91-92。

（一）“研究三角园区”协同创新的历程

北卡罗来纳州位于美国东南部，以传统农业经济为主，制造业和生产服务业相对落后区，20 世纪 50 年代人均收入在各州中倒数第二。第三次科技革命更是对当时北卡罗来纳州的进一步发展提出了新的机遇与挑战。1951 年开始，“硅谷模式”、“128 号公路”等相继崛起，为三角园区的创立起到了有力的推动作用。1950 年，北卡罗来纳州州长路德·霍奇斯借鉴了前人的成功经验，并且在此基础上提出了一个伟大的设想：将以农业为主的北卡州打造成一个世界领先的高科技中心。1958 年 12 月，来自企业界、学术界和工业界的领袖们展开合作，共同投资购买土地，建立了北卡罗来纳州“研究三角园”。“研究三角园”充分利用其独有的教育资源，以当地最著名的三所研究型大学达勒姆市的杜克大学、罗利市的北卡罗来纳州立大学和北卡罗来纳大学教堂山分校为支撑点，逐渐形成了“三角形”布局。以这种“三角形”为框架的布局，可以使园区和上述三所大学之间的距离最小，同时园区毗邻东海岸线，各种交通方式出行都非常便利。此外，在地方政府的帮助和宣传下，园区采取了一系列降低企业成本的措施，吸引大型企业和研究机构入驻。

园区建成之初财力有限，不得不依靠借贷并寻求政府资助以维持运营。直到 60 年代，凭借三所高校强大的科研实力、园区内优美的自然环境以及较低的租赁费用，开始逐渐引起企业的关注。1965 年，美国国家环境健康科学中心总部进驻园区，IBM 公司也在此设立研究基地，随后大量企业和研究机构进入园区。园区内形成了以生物医药、信息通信、环境卫生及国防科技等主要产业，以研发活动为主体的高科技中心初具规模。

20 世纪 90 年代，三角园区的集聚效益日益明显。随着区域经济科技的发展和人力资本的快速积累，园区实现了迅速发展，成为享誉世界的高科技研发中心。如今，三角园区已经成为美国科技实力最强的地区之一，区域内平均每千人中就有 3 位博士，是世界上每平方千米拥有博士、硕士人数最多的地区。2013 年，三角园区拥有超过 178 家公司及政府组织机构，超过 39000 名员工，被称为“区域发展的引擎”。[1]

（二）“研究三角园区”协同创新的主要路径

1. 园区始终坚持政府主导，高校与企业合作的框架。为促进研究三角园区壮大，当地政府审时度势，制定并实施了法定税收减免和酌情赠款等计划，为个人投资和企业投资等方面创造创业机会，并在基础设施等方面为企业进行有效的政策保障。

---

[1] 牛司凤，郗海霞. 高校与区域协同创新的路径选择——以美国北卡罗来纳州“研究三角园”为例 [J]. 高教探索，2014,(06):5-10。

而在基金方面，研究三角园区选择北卡罗来纳研究三角基金会（Research Tri-angle Foundation of North Carolina）作为第三方组织实施管理，该基金会是由政府、大学、企业及行业领袖联合成立的非营利性机构，为高校与区域自由合作扫除障碍。

2. 与其他区域相比，北卡罗来纳州最得天独厚的条件就是拥有着雄厚的教育资源与力量。杜克大学、北卡罗来纳州立大学和北卡罗来纳大学教堂山分校等都是全美顶尖的研究型大学，为研究三角的成功提供了优越的智力资源和技术资源。正是因为汇集了这三所大学的优势学科的力量和资源，园区才吸引了众多相关高新企业争相入驻，为研究三角园区的飞速发展产生了巨大的推动作用。

3. 高校与区域实现协同创新，除了高科技人才、知识基础和技术研发等因素外，还需要另一个重要因素即大量的经费投入。资金对协同创新起到了关键性的因素。研究三角园区的成功之处，离不开其资金来源多样化的特点。除了政府的财政支持之外，大型企业设立的大学生奖学金、研究项目基金等也是园区最重要的资金来源之一。此外，高科技风险投资、各类独立运作的基金以及社会人士、校友等的私人募捐等也为高校人才培养和技术转移提供了大力支持。

4. 创造浓郁的创新文化氛围。研究三角园区创造了和谐、多元的创新创业文化环境，吸引来自各国、各地区的研究机构和研发企业进驻，区域合作和竞争的意识塑造了浓厚的区域创新文化环境，使园区成为最适合商务的地区和最令人兴奋的城市之一。

三、亚利桑那大学科技园

亚利桑那大学科技园（UA Tech Park）位于亚利桑那州东南部图森市。科技园拥有近 200 万平方英尺的空间，主要是高科技企业办公区和技术研发及实验的基地。科技园入驻企业有 IBM、花旗集团等 4 家世界 500 强企业，同时科技园还是科技企业孵化器“亚利桑那州创意中心”以及亚利桑那大学分校等三个教育机构的所在地。科技园每年为当地经济做出近 30 亿美元的贡献，是该地区主要的就业中心之一。

（一）科技园发展的背景

20 世纪 80 年代以来，由于美国政府在高等教育经费筹措方面的调整，政府财政投入占公立高校经费总收入的比例下降了 8.2%，金融危机爆发后，政府资助情况更加糟糕，州政府对亚利桑那大学的资助大幅减少，为了维持学校运营，学校被迫上涨学生学费。尽管如此，学校运营情况仍然难以为继，无能力再进行岗位招聘，数个院系被迫停办或者合并，更有很多活动计划也被终止。政府无力资助高等教育，直接导致高校逐渐私人化，创收成为高校运营的重要任务。

此外，在亚利桑那州南部人口高速增长的同时，与之相反的却是人才匮乏，尤其是创新人才流失。随着高校运营水平的下降，如何吸引和培养创新型人才成为当前最紧迫的事项。以皮马县图森市为例，服务行业岗位在 2015 年达到岗位总数的 46%，政府等事业单位岗位将占 20%；航天航空产品和电子产品领域的制造行业仍是区域经济发展的主力军。[1] 因此，亚利桑那州南部面临的最紧迫需求，便是如何做好以教育为支点，本地人口优势为支撑，培养更多有能力的创新型人才。

（二）亚利桑那州优化投资环境的政策

为吸引投资和创新项目，推动经济发展，亚利桑那州政府出台了一系列的计划和激励措施，包括优惠的税收政策、稳定的经营环境和政治环境以及降低生产运营成本等，以期为投资者和创业者提供稳定的预期和长远的效益。具体措施包括：

1. 税收减免：将最高 10% 的资本投资额作为可退所得税抵免；每个优质就业机会有 9000 美元的所得税抵免；34% 的 R&D 税务抵免；重大营业税减免，将州所得税率从 2014 年的 6.97% 降至 2017 年的 4.9%，下降幅度超过 30%。以及可再生能源生产税抵免，对某些使用可再生能源的电力设施，每年抵免额达 200 万美元。

2. 员工培训计划：政府对员工培训给予补贴，都会区每个新合格员工培训最高可获得 5000 美元培训经费；新员工最高 75%，在职员工获得最高 50% 的培训费；企业一次最高获得 150 万美元培训费。

3. 对各种项目的审批和鼓励政策：如地产税降低，劳动力补贴，加速建筑计划审查进度和相关收费优惠，降低开发及基础设施成本等。

（三）推动协同创新发展

亚利桑那大学策略性地围绕人才、知识和制度等核心要素，结合区域特点，不断深化研究创新体系，着重提升本地区文化品质，充分发挥自身的实力为区域经济做出贡献，促进本地区经济社会发展。与此同时，州政府经济状况有所缓和，也着眼于优先发展高等教育，进而达到了高校与城市区域相互促进、协同发展的目标和成效。

1. 构建区域创新体系。亚利桑那大学是亚利桑那州南部地区唯一一所公立研究型高校，为了有效促进区域内的协同创新，亚利桑那大学积极进行区域创新体系构建的研究，创设了较为完善有效的建构体系，并带领其他高校积极参与其中，充分带动

[1] 倪好 . 美国高校与区域协同发展的路径探析——亚利桑那州南部的经验 [J]. 比较教育研究 ,2015,37(01):72-77。

了区域创新发展。亚利桑那大学专注于环境技术、信息技术、生物、宇宙航空等 6 项优势产业的研究与合作，明确产业创新需求，开拓产学协同的发展渠道，形成了多元的知识转化机制。与之相配合，亚利桑那州南部地区建立了多个致力于知识开发与知识成果转化的专业机构，如亚利桑那大学经济和商业研究中心、麦圭尔创业中心等，以加快促进知识的转化和扩散。

2. 创新人才培养开发。亚利桑那州大学持续关注高等教育层次下，学生学习技能和创造能力的成长。让学生能够结合自己的学习水平以及学习需求来选择自己理想的课程，学习与市场需求相关的技能。同时结合当地特色，针对区域发展的问题，调整其人才培养的结构体系，对区域内的人才需求做了大量研究，开设了一系列新的教学项目和专业课程，如创业、政府与公共服务、妇女研究等专业，设计新的教学方法模式，培养了大量相关的毕业生。取消了一些市场需求饱和的专业，如教育行政与高等教育、比较文化与文学等。

3. 提升区域文化品质。亚利桑那大学科技园根植于本区域自然环境和社会文化的特征，因地制宜地通过高校的文化传播和辐射，塑造和提升本地区的文化和生活品质，促进了经济与区域、社会的协调发展。以亚利桑那大学为主，该地区的高校已经成立 20 多个研究中心或开展绿色发展项目。其中亚利桑那太阳能研究中心、水资源研究中心，以及沙漠、树木年轮实验室等研究所重点关注亚利桑那州的环境领域，研究有关亚利桑那本地持续发展的问题。科技园通过不断参与区域社会、文化和环境的发展，努力传播可持续发展和社会公平的理念，有效提高了区域的文化和生活品质。

由于亚利桑那大学科技园在区域协同创新和文化辐射方面的突出贡献，亚利桑那州南部形成了战略产业集群，聚集了大批高素质劳动力，在经济总量增长和可持续发展方面取得了辉煌成果。

四、威斯康星-麦迪逊大学研发园区

威斯康星一麦迪逊大学建于 1884 年，是一所综合性科研型大学。近年来，麦迪逊大学力求科研体制机制创新，积极探索其他学校的成功经验，从优化科研管理、加强人才培养、促进科研活动等几方面入手，谋求新的发展道路。

（一）优化科研管理体系

麦迪逊大学于 2005 年成立学术研究委员会，并且制定了规范合理的科研管理制度，建设了用来发布师生学术成果的专门网站，推动开放式校外合作。“开放式校外合作”通过由企业出资资助，鼓励教师和学生与企业进行合作开展科研活动。这项计划既解决了学校研究资源和研究经费不足的问题，又推动了校企合作，为师生提供了良好的成长契机，提高了师生从事科研的积极性。此外，学校还允许用科研成果来兑换学分，使学生有更多的机会和时间进行创新型研究，也可以让学生获得提前毕业的机会，或及早进入更高层次的科研活动的可能。

（二）建立首席研究员制度[1]

为保障学校的科研水平和质量，麦迪逊大学建立了研究员晋升程序，将研究人员分为了两大类：一般研究员和首席研究员。由一般研究员晋升为首席研究员，要经过非常严格的推荐和审核过程。首先，研究院需要得到至少一名现任首席研究员的推荐，并且由学术委员会以及评审团进行评审，并且最终通过投票表决，确定是否晋升，以此来尽量保障评审的公正性。

为保障科研项目的完成质量，麦迪逊大学规定对每一个科研项目都必须至少有一名首席研究员作为主要负责人员，主要负责提名项目的参与人员和最终确认，并且是终身负责制。首席研究员的职务是受到法律保护的，若无重大错误，校方无权撤销其职务。除此之外，首席研究员有保留、管理、研究数据等职责。与之相对应的是责任，首席研究员对项目负有直接责任，若由于首席研究员的原因导致项目失败，首席研究员将会受到法律追责；若首席研究员推荐的当选人在科研过程中出现严重违规，首席研究员则有可能承担连带责任。

近些年，世界高校中学术造假事件的丑闻数不胜数，屡见不鲜，为了从根本上杜绝此类现象，麦迪逊大学会在项目正式启动之前，建成评审团队，对参与的候选人进行审核评选。此外，为了最大限度地保障年轻学者的学术研究权利，为项目评选出最为合适的人选，麦迪逊大学还建立了“特别候选人制度”，拥有博士学历及以上的具有相关研究经验的青年学者可以不经过审查，直接成为项目组成人员，有效避免了权力过于集中的问题。此项举措使青年学者获得了参与大型科研项目的机会，非常有利于促进青年学者的发展。

五、耶鲁大学与纽黑文市[2]

耶鲁大学创立于 1701 年，是著名的私立研究型大学，也是美国历史最悠久的三所大学之一。耶鲁大学位于康涅狄格州纽黑文市，是常春藤大学联盟的核心成员之一。

[1] 黄彦菁 . 创新科研管理体制打造国际化科研大学——美国威斯康星—麦迪逊大学 [J]. 教育与职业 ,2014,(31):96-97.

[2] 纪照华，郄海霞 . 美国高校与区域协同创新的路径探析——以耶鲁大学与纽黑文市为例 [J]. 高教探索，2015，(10):57-62.

耶鲁大学与所在纽黑文市历史上曾经存在过冲突和矛盾，这种冲突和矛盾最初起源于市民和学生之间的冲突。此时大学和城市双方都还没有意识到合作的重要性，经济环境又雪上加霜，因此双方一直冲突不断，关系非常紧张。这种局面对于大学和城市两方面都不利。

然而大学与城市的发展离不开相互之间的互动和支持。耶鲁大学开始主动采取一系列措施以缓解这种紧张的关系。1994 年，耶鲁大学校长理查德·莱文成立了纽黑文市与康州事务办公室，以更好地协调学校与纽黑文市的经济、政治和社区关系；同时，学校还推出了“购房者计划”(Homebuyer Program)，为耶鲁大学教职工在纽黑文市购房提供资金补助，鼓励教师在当地特别是中低收入地区购买房屋，以帮助政府稳定房价，降低房屋空置率。经过此番努力，虽然在一些问题上的矛盾仍待化解，但双方都已经开始意识到彼此之间合作的重要性。

随着“硅谷”“波士顿 128 号公路”和“研究三角园区”创新基地的成功，校地双方均强烈意识到，必须携起手来，走协同创新之路，才能实现知识的创新、科技成果的转化，实现耶鲁大学与纽黑文市的同步发展。此后，耶鲁大学通过与纽黑文市政府密切合作，通过吸引外来投资，建设科研平台，加快科技成果的转化，推动了当地支柱性产业的创新发展，最终实现了产学研协同创新，促进了双方的共同发展。

第五节　国外创新城区实践的经验借鉴

近些年来，国外积极尝试创新城区政策，有了许多成功的经验，相较于国外各类成功的创新城区模式，我国各大城市推进的创新政策仍处于探索推进阶段。因此，积极借鉴国外各大城市创新城区实践的成功经验，对于加快推进中国创新城区建设具有重大的借鉴意义。

（一）政府主导与发挥市场力量相结合，有针对性地制定发展规划

根据我国基本国情出发，从整体上推动创新城区建设的自发市场力量还相对薄弱，城区的建设和经济、产业转型主要还是靠政府的引导和扶持。因此，创新城区建设要由政府主导，立足实际，对城区区位、资源、人口、环境等进行深入透彻的分析，充分结合城市区域的文化特点、经济背景以及优势领域等，在分析城市自身的

优势与缺陷的前提下，明确城区的功能定位和发展方向，制定有针对性的发展规划。只有明确发展目标，才能够使创新主体充分发挥出自身的主体地位。如北卡罗来纳州的“研究三角园区”，其成立之初就有了明确的区域发展目标，并且充分认识到了自身的经济实力以及产业能力等方面的不足，采用降低企业成本等方式来吸引大型研究型企业。同时，高校积极创建网络服务平台、产学研合作办公室等，积极促进校企之间的协同创新。因此，我国在推进协同创新的进程中，首先要明确定位，准确判断，从而研究制定较为全面有效的创新战略。

（二）促进优势学科与区域产业对接，培养支柱产业集群[1]

根据“研究三角园区”“威斯康星 - 麦迪逊大学研发园区”“亚利桑那大学科技园”等成功经验可以看出，当地城市的创新城区建设主要借助于当地研究型大学的学科优势，从知识创新和产学研转化源头入手，大力促进产学研转化，进而形成了优势的产业集群。同时，高校重视科研成果的转化，建立了研究平台、协同创新中心、产学研转化基地等形式的对接平台，打破了高校与企业之间的藩篱，让高校与企业进行充分的了解，从而寻求真正有效的合作空间以及创新点。在我国，高校与企业的合作意识仍然较为缺乏，经常出现企业遇到问题却没有相应的科研团队解决，或者高校科研成果无法应用的问题，政府应该发挥好协调统帅的作用，打破高校与企业之间的交流障碍，通过建设信息交流、研发平台、产学研对接等相关方面的途径，发挥自身的纽带作用，让企业、高校都能热情地投入到合作共赢的状态中。既能帮助高校培育更多的专业创新型人才，又能扶持一大批创新型产业，推动城市发展。

与其他国家的成功经验相比，我国在创新型城市的建设过程中，主要缺乏创新型产业的集群能力。要做好产业集群，首先，要在基础设施方面着手，开创有效的创新体系，建立健全的产学研合作机制，做到基础信息资源共享。其次，要结合城市优势资源，发展优先研究领域，建立相关专业的产业集群环境，并制定有效的鼓励资金以及税收优惠政策等，吸引创新型企业加入。

（三）大力培养和吸引创新型研究人才

科技创新重在人才，在建设创新型城区的过程中离不开人才的竞争与培养。要做好人才的竞争，就要有相对完善的人才吸引、培养、使用、激励的政策，尤其是对人才的吸引与培养的政策。在人才吸引方面，要积极制定行之有效的人才使用政策，

[1] 刘红光，刘科伟，张继飞．国外推进自主创新的政策模式及其对我国建设创新型城市的启示 [J]. 科学学与科学技术管理，2006,(11):16-21.

吸引关键领域的创新型人才，避免人才浪费。在人才培养方面，一方面引导高校与企业合作，通过实际需求与实践培养能够适应经济发展的研究人才；另一方面大力发展专业化的职业教育，针对特定领域培养高技能人才。只有充分发挥人才的作用，才能够真正提升城市的自主创新能力，对提升城市的竞争力起到至关重要的作用。

（四）拓宽筹资渠道，加大科技投入

目前，我国许多产业的核心技术仍然依赖于发达国家，城市自身的创新力并不高，自主研究能力水平较低，严重制约着城市的发展。根据发达国家的成功经验来看，政府在科技投入方面起到了引领作用，同时，政府颁布了一系列税收激励政策，鼓励企业进行科技投入、自主创新。当前我国在注重加大科技投入的同时，也要注重利用多渠道来筹措资金，除了政府对高校、企业的投入外，还可以利用企业、基金会、风险投资公司等来发挥作用。此外，政府还可以出台相关的政策，降低企业创新科技的运营成本，增强企业自主创新的积极性，吸引企业、投资公司等积极投身于创新的行列当中去。

（五）加强知识产权保护，提高自主创新能力

知识产权保护是自主创新的重要环节，是自主创新的基础和衡量指标，也是市场竞争的重要手段。知识产权包括专利权、著作权、商标权、商业秘密等方面，它的根本目的在于实现知识成果的商业价值，是高新技术企业发展必不可少的组成部分，对于知识产权的保护是激励高校、企业自主创新的一大助力。目前，发达国家关于知识产权保护制度的产生和发展已经历了百年以上，而中国真正建立知识产权保护制度距今仅仅有 30 多年的历史。近些年来，我国的知识产权保护体系正在逐步完善，但与发达国家相比，我国的知识产权保护制度仍然存在着许多缺陷，我国的消费者以及企业仍然不具备高度的产权保护意识，我国的发明专利仍集中在跨国公司和个人领域，仅有少部分是国有企业、科研院所申请的，且领域主要集中于重要、食品等方面，高科技领域的专利大多来自国外。因此我们要充分认识到知识产权的重要性，完善知识产权保护体系，积极鼓励和帮助企业进行自主研发和创新，尤其是在高科技领域的创新，形成属于自己的核心技术，才能真正具有核心竞争力。

第三章　国内创新城区实践

第一节　国家创新型试点城区建设实践

一、北京海淀区

海淀区，隶属于北京市，位于北京城区西部和西北部，面积 430.8 平方千米。截至 2016 年，海淀区辖 22 个街道、7 个镇，常住总人口 359.3 万人。实现地区生产总值 5036.8 亿元，占北京市比重达 20.2%，经济总量位于北京市十六区之首。其中，第一产业增加值 1.8 亿元，第二产业增加值 560.7 亿元，第三产业增加值 4474.4 亿元，三次产业构成为 0.04 ∶ 11.13 ∶ 88.83。人均地区生产总值 14.0 万元。海淀区高校云集，名胜古迹众多，著名的北京大学、清华大学、中国人民大学、北京师范大学等高校，颐和园、圆明园、香山等风景名胜都位于海淀区。[1]

北京市海淀区创新城区建设，是在中关村国家自主创新示范区建设的大背景下展开的。海淀区抓住中关村自主创新示范区建设机遇，统筹资源推进创新，利用浓厚的文化氛围、密集的高素质人才、高端的科技产业、丰富的高等教育资源，推进大学校区、科技园区、公共社区、城市街区“四区”融合发展，推动区域经济从“科技园区”到“创新城区”深刻转型。如今，海淀区已成为中国科技创新的策源地以及全球闻名的科技创新和科技产业发展的高端要素聚集地。

（一）搭建中关村自主创新示范区的政策体系

2009 年 3 月，国务院印发《关于同意支持中关村科技园区建设国家自主创新示

[1] 海淀区 . 百度百科 ,https://baike.baidu.com/item/%E6%B5%B7%E6%B7%80%E5%8C%BA/2504860?fr=aladdin.

范区的批复》，明确中关村科技园区的新定位是国家自主创新示范区，目标是成为具有全球影响力的科技创新中心，并同意在中关村示范区实施股权激励、科技金融改革创新等试点工作。此后，从中央到北京市、中关村以至海淀区，各个层面纷纷出台支持措施，形成了比较系统的支持自主创新的“1+6”政策体系。其中的“1”就是搭建首都创新资源平台，即2010年12月在京成立的中关村创新平台；“6”是支持在中关村深化实施先行先试改革的6条政策，即：中央级事业单位科技成果处置和收益权改革试点政策、税收优惠试点政策、股权激励试点政策、科研经费分配管理改革试点政策、高新技术企业认定试点政策及建设全国场外交易市场改革试点政策。这些政策的实施和资源平台的建设，是推动海淀区和中关村创新发展的里程碑，大大调动了高校、科研院所、企业等主体的创新积极性，极大地促进了区域自主创新的迅速发展。

（二）优化创新创业生态布局

海淀创新城区的布局规划，以中关村科学城为核心、中关村大街为主脉，以中关村大街、知春路、学院路三大街区为集聚区，强化中枢、带动北部、辐射南部，在全区范围内全面打通科技创新产业布局和服务链条。打造世界级科研高地，依托区内顶尖大学和科研机构，与全球顶尖大学和研究机构合作，到2020年推动建立3~5个“世界实验室”，形成一批具有全球影响力的原创性、引领性、突破性的科技成果。为优化创新生态、打造创新创业首选地，“十三五”时期，海淀还将打造以知识创新为主导的协同创新功能区，以科技总部、创业服务、商务服务为主的创新核心功能区，以智能硬件、创业培训等领域为主的专业创新服务功能区，以科技金融、科技服务、综合商业、休闲文化为主的科技金融创新功能区。着力打造全国科技创新策源地、高端创新人才聚集区、科技金融创新中心、创新创业首选地、高精尖经济增长极。

（三）推动创新创业不断发展

海淀区大力推进技术创新和商业模式创新，积极探索产业组织创新和体制机制创新，推动了区域内创新创业不断向前，并初步形成了独具特色的自主创新发展模式，实现了从中国科研中心向中国创新中心的转化，具有重要的创新引领示范带动作用。

中关村利用全国最丰富的科教资源和最强创新能力优势，经过多年的不懈探索实践，坚持市场化导向，以企业为创新主体、技术创新为核心，促进产学研紧密结合，探索出一条适合我国国情、具有中国特色的自主创新模式和高技术产业发展道路，引领我国高新技术发展方向，成为我国高新技术产业的策源地。在产学研合作方面，以创建联合实验室（研发中心）、联合承担国家重大项目、产业联盟等为主要载体，初步形成了企业、大学、科研机构、政府、中介机构等各种创新主体积极参与、市场化运作的产学研合作格局。科技活动经费投入不断增加，特别是企业对科技活动的投入稳定增长，创新产出方面，专利申请书、专利授权书均连年增长，中关村技术交易额及项目数占全国的30%以上，自主创新产品数占全国的五分之一以上，新产品销售收入占比超过50%，稳居全国前列。[1]

（四）打造高端产业集群

北京市十二五规划提出打造两城两带，即加快建设北部研发服务和高技术产业聚集带，南部高技术制造业和战略性新兴产业聚集带，集中力量打造中关村科学城和未来科技城，使之成为首都自主创新高端产业发展的战略高地和具有核心竞争力的品牌区域。

按照国务院和北京市关于加快培育和发展战略性新兴产业相关文件的要求，中关村示范区明确了重点发展的八大战略性新兴产业，积极优化产业布局，大力推进科技成果产业化，加快促进高端产业集群发展。2016年初，海淀移动互联网和下一代互联网产业聚集企业5000余家，总收入规模在3000亿元以上，近年来主导创制了近70项国际标准和600项国家标准；北斗与空间信息服务产业聚集了合众思壮、北斗星通等一批自主创新领军企业，产值占示范区的50%左右，云计算产业聚集了全国近1/3的云计算基础设施和全市85%的云计算企业，总收入占全市六成以上；生物医药产业聚集了中关村45%的有销售收入的生物医药类企业；新能源新材料和节能环保产业聚集了北京60%的领军企业。[2]

（五）推进科技金融创新

海淀区一直将建设科技金融创新中心放在重中之重的地位，持续汇聚各类金融资源，促进技术与资本的高效对接，科技金融创新取得了重大进展。主要做法包括：

1. 完善科技金融发展政策体系。出台“1+10”政策体系，扶持金融机构、股权投资、中小微企业发展，完善企业上市和创投引导基金的政策体系。

2. 优化科技与金融对接机制。依托创新性金融机构，探索建立中关村核心区科技金融综合服务平台，推广适用于科技型中小微企业的创新产品；设立担保贷款绿色通道，积极开展信用贷款试点和信用保险及贸易融资试点；组织发行高新技术企业集合

---

[1] 李治堂，高海涛．北京市海淀区创新型城区建设模式分析[J]. 科研管理，2013,34(S1):265-270。

[2] 赵晨蕊．海淀：建设科技创新核心区[N]. 京郊日报，2016年3月2日，第1版。

信托计划企业债券、短期融资券中期票据等，为企业提供全流程、一站式的融资服务。

3. 加大资金支持力度。安排专项资金用于支持核心区企业自主创新和产业发展；设立中关村小额贷款引导资金，支持小额贷款业务在园区的设立和发展；设立创业投资引导资金，制定实施促进天使投资发展及企业风险补贴政策。

4. 借力资本市场，拓展企业融资平台。对企业改制上市进行资助，帮助企业利用资本市场的力量发展壮大；搭建创业投资促进平台和贷款担保平台，为初创期和发展期的中小型高新技术企业服务；开展中关村企业股份报价转让试点，搭建产（股）权交易平台和专业化的企业改制上市服务平台，促进政府资金与社会资金、股权融资与债权融资、产业资本与金融资本有机结合。

（六）建设人才高地

海淀区通过积极构建灵活的人才队伍建设体制机制，探索以建设人才特区，打造高层次创新创业人才高地。主要做法是：一是改革人才工作体制机制，以中关村创新平台为依托，统筹推进实施中关村人才工作；二是制定特殊人才政策，开展先行先试；三是加大寻访和激励力度，大力引进海外高层次人才；四是打造良好的人才服务体系，全面推动载体建设，以才带才发挥辐射和带动作用。通过大力推进人才特区建设，海淀对海外高层次人才的吸引力不断增强，人才总量快速增长。依托各类重大人才培养工程，实施“海英人才”计划，吸引邓中翰、李开复、雷军、邓中亮等一批高端创新人才。2016 年上半年，该区已聚集“千人计划”人才 927 人，“海聚工程”人才 267 人、“高聚工程”人才 184 人，分别占全市 70%、36% 和 68%。[1]“十三五”时期，海淀将深化中关村人才特区建设，推进人才体制改革，逐步形成具有国际竞争力的人才发展环境、人才培养体系和人才体制优势。建设全球一流的创新创业人才聚集高地，打造中关村国际人才港。

二、上海市杨浦区

杨浦区位于上海市中心区的东北部，地处黄浦江下游西北岸，黄浦江支流的杨树浦港纵贯区境南北，杨浦即以此演变而得名。区域面积 60.61 平方千米，人口 131 万。杨浦区为上海市人口集聚的中心城区，高校和科研院所比较集中，发展科技教育、现代服务业和都市型产业具有得天独厚的优势。

杨浦创新试点城区建设，以“三区融合、联动发展”核心理念为导向，按照“两片一线一带”的空间布局规划展开，将区内众多大学作为核心，突破资源瓶颈，统

[1] 赵晨蕊 . 海淀：建设科技创新核心区 [N]. 京郊日报，2016 年 3 月 2 日，第 1 版。

筹配置资源，带动整个城区发展。“三区”即是指大学校区、科技园区、公共社区，“两片一线一带”即是指东片高校集聚区、西片高校集聚区、中部连接两片创业走廊和南部黄浦江滨江带。杨浦区秉承“三区融合、联动发展”的核心理念，聚焦产业转型、集聚创新人才、完善政策环境，创新城区建设不断取得新的成绩，助推上海“创新驱动、转型发展”，为创新型国家建设做出了重要贡献。2016 年 5 月，杨浦区被国务院确立为“大众创业、万众创新”示范基地。

（一）加强顶层规划设计

为积极推动国家创新型试点城区建设，上海市建立了“上海市推进杨浦国家创新型城区建设联席会议”制度，杨浦区专门成立了“杨浦区国家创新型试点城区建设领导小组”，并定期举行市级联席会议和区级领导小组会议，市、区两级合力，共同推动杨浦国家创新型试点城区建设。

杨浦区在建设国家创新型试点城区的实践中，从整体规划、行动计划和相关政策措施等方面加强“顶层设计”，强化“顶层设计”的引导调控。通过总体发展规划、产业发展专项规划和行动计划和政策措施的形式具体落实“顶层设计”。制定出台了《杨浦国家创新型试点城区发展规划纲要》，明确建设国家创新型试点城区的指导思想、发展目标、战略定位和重点工作任务。颁布了《关于推进杨浦国家创新型试点城区建设的指导意见》，提出要在体制机制创新、构建新型产业体系、科技服务创新、提升国际化水平、塑造百年滨江工业文明与知识文明结合五个方面先行先试，并制定了一系列产业发展专项规划及行动计划和政策措施，配套实施。

（二）深入推进“三区联动”

杨浦区内有复旦大学、同济大学、财经大学、第二军医大学、上海理工大学、上海海洋大学、上海体育大学、南京政治学院上海分院等 14 所高校；有 10 个国家重点实验室、10 个全军重点实验室、1 个国家工程研究中心和 1 个国家工程技术研究中心，其中 5 个专业技术平台和 502 台大型仪器设备已加盟到上海技术创新服务平台对外开放服务；有 150 家科研院所，其中省部级科研院所 18 家；有两院院士 52 人，享受国务院特殊津贴的专家 1747 人，全日制大学生占上海的 40%、研究生占 50%、国际留学生占 20%；老城区产业衰退和旧城区改造为大学和科教用地的拓展提供了稀缺的土地资源和发展空间，大学用地经过这几年的拓展，已经由 4.2 平方千米拓展到 7 平方千米，占区域面积的近 12%。[1]

---

[1] 杨浦宣讲提纲 . 百度文库，https://wenku.baidu.com/view/95b18cd628ea81c758f5783d.html，2017-07-10。

杨浦区充分利用城区高校、科研院所以及高科技园众多的优势，深化“三区联动”，通过整合“大学校区”“科技园区”“公共社区”三方的优势资源，促进区、校、企、园多方合作，推动科技创新和科技成果转化。拓展国内外创新合作，与旧金山湾区合作筹建湾区科技园；促进科研院所、高新技术企业与园区联动，依托中国电子科技集团公司二十三所，共建上海市物联网应用示范基地暨上海物联网科技园，借助中国航空技术国际控股有限公司平台，共建“中航杨浦科技园”。

杨浦区政府从联动范围、联动广度和联动深度三个层面不断创新“三区联动发展”机制，已初步形成“环同济知识经济带”和“复旦创新走廊”两个“三区联动”的发展实践样本。

（三）构建创新服务体系

杨浦区建成了一批产业创新载体和一批技术创新服务平台。在大学周边先后建成了复旦、同济等 5 个国家级大学科技园，10 个专业化大学科技园，1 个国家级科创中心，科技园区建筑面积已达到 130 万平方米，建成了上海最大的科技创业孵化基地，有 3680 多家中小科技企业在大学科技园区集群发展，并形成了国家火炬计划环同济研发设计服务特色产业基地等一批具有鲜明产业特色的基地。有 3 个国家级高新技术服务中心和 5 大技术创新要素服务平台，包括研发服务、创业投融资服务、风险投资、知识产权服务、信息服务和人才服务平台。汇集了一批发明专利成果和国内外高端创新要素。全区专利申请数 2009 年达到 3483 件，发明专利占 60%；科技投入占区级财政支出的比例达到 5.1%；连续获得 2003~2004 年、2005~2006 年、2007~2008 年度全国科技进步先进区。汇集了全国首家高校技术市场、上海首家风险投资服务园，成功引进了美国硅谷金融集团等一批科技金融服务机构，建立了政府引导的担保和风险投资引导基金、中早期风险投资基金，建成了中国（上海）创业者公共实训基地，引进西门子、德国大陆集团等一批跨国公司和国际高端研发机构，这些机构和高端资源与大学实验室和学科建设结合，建立起了广泛的产学研合作关系。[1]

（四）促进产业转型升级

明确“两个优先、两个提升”产业发展重点领域，即“坚持优先发展以现代设计、科技金融为主导的知识型现代服务业，优先发展以软件和信息服务业为主导的高技术产业和培育发展战略性新兴产业，提升转型都市型工业，提升发展商旅文体服务

[1] 杨浦宣讲提纲 . 百度文库，https://wenku.baidu.com/view/95b18cd628ea81c758f5783d.html，2017-07-10。

业”。推进物联网、云计算、智能电网和节能环保等战略新兴产业发展，推进上海钢铁交易所的筹建以及创智天地园区上海市高新技术产业化基地、杨浦创业中心数字园区、新复旦软件园的建设等。

（四）打造高端人才高地

发挥政府专项资金的杠杆效应和引导作用，设立 2 亿元的“海外人才创业投资引导基金”，缓解早期海外归国人才创业企业融资难的问题，进一步吸引海外高层次人才带资金、带技术、带项目赴杨浦创业。采取“人 + 项目”的人才引进模式，组织开展海外创业人才“3310”计划评审，形成了“人才带项目、项目带人才”捆绑式人才引进机制。强化与高校、企业的人才交流，建立院士团队与产业对接机制。完善创业孵化体系，打造创业苗圃—孵化器—加速器的完整孵化服务体系。[1]

落实人才激励政策。对符合“两个优先”（即上海市“优先发展先进制造业、优先发展现代服务业”的产业政策）导向的海内外各类高层次人才及企业紧缺人才，通过创业启动资金、创业贷款贴息、创业风险补偿金、学术活动资助等方式进行扶持。

（五）营造良好创新环境

综合运用上海市杨浦国家创新型试点城区建设和发展专项资金、杨浦区产业发展专项资金、国家（市）科技重大专项杨浦区地方配套资金等三类专项资金，并对新进或新设总部企业以及符合“两个优先”导向的企业，通过专项资金进行相关补贴。

实施一系列科技金融政策。主要包括股权投资机构激励政策、改制上市激励政策、贴费政策和贴息政策，为对符合相关条件的科技金融机构提供便利的政策环境，助推其快速发展。

（六）加强新一轮国家创新型试点城区建设[2]

1. 加强创新创业功能建设。推动整合现有科技园区的创新资源，促进投资主体体制机制改革，打造科技园区升级版。着力打造湾谷创新创业基地、大创智创新创业街区、国定东路创新创业街区、长阳路创新创意街区、军工路创业基地、杨浦滨江南段创新基地，定期举办各类创新创业活动。

---

[1] 科技部网站．上海召开推进杨浦国家创新型试点城区建设联席会议，http://www.most.gov.cn/dfkj/sh/zxdt/201109/t20110902_89441.htm. 2011-09-05。

[2] 上海市杨浦区人民政府办公室转发区财政局、区科委制订的《上海市杨浦国家创新型试点城区建设和发展专项资金使用管理实施办法》的通知．上海市杨浦区人民政府公报，2016-10-15。

2. 推动创新体系建设。布局一批全国领先的关键核心技术，培育一批以市场化为导向的高校、科研院所、企业融合的协同创新中心、产业技术研究院、行业技术中心。鼓励高校、科研院所聚焦突破关键核心技术，重点支持应用技术研究，以资金为纽带、以项目为载体，吸引和形成更多市场化程度高的新型研发组织。

3. 加快创新产业体系建设。围绕现代设计、互联网教育等具有区域特色的知识型生产性服务业和高新技术产业，打造上海设计之都和互联网教育产业基地，形成具有全市影响力的特色产业集群。

4. 推动创新科技金融服务。设立政府引导基金，创新管理和运作机制，与国家、上海市各类创新创业、产业发展基金以及社会资本共同设立创新创业、重大科技成果转化、产业发展母基金或专项基金，吸引一批优秀的创业投资机构、创新创业项目、技术和人才向杨浦及上海集聚。

5. 推动创新人才高地建设。深化“创业杨浦”品牌，支持高校科研院所“两栖人才”携带科技转化成果创新创业，发布杨浦创新创业人才指数，大力实施大众创业人才支持计划、海外高层次人才创新创业支持计划和企业家加速培养计划等，培育高新技术产业、知识型生产性服务业核心技术人才，吸引拥有自主知识产权的领军人才及团队来杨浦创新创业、二次创业和深度创业，推动人才高地建设。

三、天津滨海新区

滨海新区是天津市下辖的副省级新区、国家级新区和国家综合配套改革试验区，国务院批准的第一个国家综合改革创新区。滨海新区位于天津东部沿海地区，环渤海经济圈的中心地带，总面积 2270 平方千米，人口 263 万人，是中国北方对外开放的门户、高水平的现代制造业和研发转化基地、北方国际航运中心和国际物流中心、宜居的生态型新城区，被誉为“中国经济的第三增长极”。2013 年，滨海新区 GDP 达到 8020.4 亿元，人均 GDP 达到 31 万元人民币，约合 5 万美元。[1]

（一）创新体制机制

1. 完善创新科技成果转化机制。滨海新区积极探索建立健全科技创新运作机制，完善科技成果转化机制，创新创业风险投资模式，建设企业技术创新体系。一是进一步推动产学研结合，加快建立产学研用创新战略联盟。以技术参股、效益分成、委托研发等多种形式的合作利益分享机制促进产学研合作的开展。二是建立有利于科技资源整合的管理体制。完善有利于产学研用紧密结合的组织机制度，建立战略联盟的激

[1] 天津滨海新区 .360 百科，https://baike.so.com/doc/5370271-5606147.html.

励约束机制，促进产学研用创新战略联盟建设。对于国家和市级重点实验室、研究中心、工程技术中心等向企业开放，按照绩效给予补贴，促进企业之间、企业与高等院校和科研院所之间的知识流动和技术转移。

2. 构建战略性新兴产业培育机制。发挥各自优势，建立国家、天津市、滨海新区及其所在功能区多方参加的战略性新兴产业培育平台共建机制。[1] 完善国际生物医药联合研究院运营与管理的“滨海模式”，即“政府搭台，市场运作；国有资产，企业经营；开放联合，互利共赢”，不断探索产业公共研发平台投资与运营新机制，促进战略性新兴产业共性技术研发平台的可持续发展。

3. 科技金融机制创新。充分发挥政府科技资金的引导带动作用，用好新区科技专项资金，争取国家专项资金和补助资金，多渠道筹集科技基础设施和研发资金。建立从政府引导基金、天使投资基金、风险投资、创业孵育基金、政策性融资到资本市场的科技投融资体系。形成符合科技创新规律、现代金融发展规律的科技金融产品与服务体系以及活跃、有序的科技金融中介服务体系和有利于科技金融创新发展的政策服务环境。

4. 优化创新创业环境。重点围绕创新政策、公共服务、人居条件，改革和完善创新政策体系，提升政府工作效率，营造优良的创新环境。一是出台了关于固定资产可加速折旧、无形资产缩短摊销年限等优惠政策。二是设立了每年 10 亿元的滨海新区产业发展专项资金和 20 亿元的滨海新区风险投资引导基金。三是积极整合各管委会科技政策。对引进的研发机构给予大力扶持，规定对符合条件的独立法人内资研发机构、外商独资研发机构、生产性企业内部设立的非独立研发机构，给予资金扶持和研发费用资助等。

（二）构建高效创新体系，推动创新产业发展

1. 加强部市共建，深化科技合作共建机制的部市会商制度，与科技部等国家部委共建一批国家战略性产业研发机构和转化基地。争取科技部、国家发改委等分别建立滨海新区科技创新或产业化专项资金（专项计划）。重点引进国家“863”计划项目成果、国家重大科技专项成果，实现成果在滨海新区的转化与产业化。继续加强与中央部属院所、高校和大企业的合作共建，吸引其在新区设立和建设各种类型的研发转化机构和基地。

2. 以市场为导向，深化产学研合作，促进创新要素集聚融合，建设高水平、高

[1] 天津滨海新区国家创新型城区试点工作实施方案（2010-06-18）. 豆丁网，http://www.docin.com/p-362927651.html，2012-03-16。

效能的创新体系。①实施“技术创新体系强化工程”。着力增强企业技术创新能力，做大做强已建的国家和市级工程中心和企业研发中心，发挥好其对行业技术创新的带动和技术服务作用。加强新区企业与高校、科研院所对接，建设产学研创新联盟。实施新区产业集群培育工程，完善产业园区载体建设，实施新区产业集群培育工程引导科技创新资源向产业化基地集聚。②实施“科技中介服务体系优化工程”。大力发展科技产业孵化、科技成果转化、科技咨询、技术交易、科技检验检测机构、生产力促进中心等科技中介服务机构，推进科技服务的社会化、网络化、产业化。

（三）优化城市生态环境

着力进行生态环境建设，以创新发展绿色经济、低碳经济、循环经济和生态环保生活方式为重点，着力打造具有国际先进水平，能实施、能复制、能推广的宜居生态新城。着力搞好环境综合整治，持续推动城市美化绿化亮化工程，全面提升市容环境水平。按照人性化、智能化和效能化的要求，创新生态城建设管理运营模式，建立长效管理机制，促进生态宜居城区建设。

（四）营造激励人才的优良环境

改革人才管理体制，营造激励人才创新创业、鼓励自主创新的优良环境。围绕新区重点产业引进各类科技领军人才、高端创业团队，全力培育各种专业人才和一大批高素质的技能型人才，打造创新人才聚集高地。

四、沙坪坝区

沙坪坝区隶属重庆市，是重庆主城区，重庆大都市区，位于重庆市西南部。沙坪坝区自周朝巴国属地起，已有3000余年的历史，融巴渝文化、沙磁文化、抗战文化、红岩文化于一炉，是红岩精神的重要发祥地。该区还是重庆市科教文化区，重庆大学城位于沙坪坝区西部。截至2016年，沙坪坝区辖19个街道、7个镇，总面积396.2平方千米。2016年末，常住人口113.39万人；2016年，沙坪坝区实现地区生产总值（GDP）786.0亿元。[1]

（一）完善创新体系建设

全力推进国家创新型试点城区建设工作，通过科技创新、知识产权保护、科技成果转化等措施，努力促进区域经济社会发展。明确“国家创新型试点城区”建设工

[1] 360百科 . https://baike.so.com/doc/5877687-6090557.html

作目标，制定相关实施方案。区生产力促进中心引进 16 家中小型孵化企业和科技中介机构，基本完成创新服务大厦建设。

（二）加快创新成果转化

在全市率先成立各街镇、园区知识产权工作站，开展“打击侵犯知识产权和制售假冒伪劣商品专项行动”，专利授权 1162 件，同比增长 23.49%。全区新增 3 个国家级高新技术企业和 16 个国家高新技术产品；重庆科技学院科学和技术传播中心、沙坪坝区五云山寨学生素质教育基地被命名为市级科普示范基地。[1]

（三）培育特色产业，推进转型升级

立足现有产业基础，围绕改造提升传统产业、壮大战略性新兴产业、发展特色产业等重点领域，滚动推进一批创新型科技项目。[2] 对创新发展项目的人财物进行政策、服务等方面的扶持，并制定项目验收时间和成果要求。

创新项目的引进是沙坪坝区创新驱动发展的重要手段之一。北斗战略性新兴产业研究院的相关项目在 2020 年基本建成后，将形成年产出上千亿元的产能。到 2016 年 8 月底，中土跨境电商平台项目为重庆本土外贸企业提供线上出口交易，实现交易额 1.5 亿元，成为国家“一带一路”大战略、重庆产品走向国际大市场的平台。[3]

加快推动区域教育科研及文化卫生资源优势转化。启动以三医大及西南、新桥医院为中心的“西部国际医疗城”项目规划；大学城天健动漫基地正式奠基，与市文联、四川美院共同打造的“虎溪公社”文化艺术创意产业园区正式运行，已有 200 多个工作室投入使用。[4]

（四）完善金融环境，为创新提供稳定的金融基础

沙坪坝区加大资金支持，在城市创新发展方面的资金投入增长迅速，尤其是科技活动方面投入得到进一步提升；出台科技金融政策，促进科技与金融结合，推动科技创新和高新技术产业发展；加强信用制度建设，建立信贷风险分担补偿机制，推动企业信用文化建设，完善金融信用环境考核制度。金融环境进一步改善，助推以稳定

[1] 各省市推进创新型城市建设的主要做法 . 豆丁网 , http://www.docin.com/p-863787527.html,2014-07-14。

[2] 国家级创新型试点城区的“创新热”. 重庆新闻网，http://www.cq.chinanews.com/news/2016/1201/387654.html，2016 — 12 — 01。

[3] 王彩艳 . 沙坪坝：驱动“三驾马车”加快创新发展 [N]. 重庆日报 ,2017-05-23(016).

[4] 各省市推进创新型城市建设的主要做法 . 豆丁网 , http://www.docin.com/p-863787527.html,2014-07-14。

的区域金融状况支持城市创新发展。

（五）推动人才激励，形成人才优势

沙坪坝区出台了一系列政策和措施聚集创新人才，并为人才提供完善的财政和金融支持。

在激活人才活力中，沙坪坝区实施了“沙磁英才集聚工程”。通过深化“双引促双创”人才工作机制，以高端产业吸引高端人才，以高端人才推动高端产业发展。区里设立了1000万元的高层次人才引进资金，设立“引才伯乐奖”，并通过健全市场化引才机制，探索“以才引才”模式，鼓励第三方专业机构参与招才引智，根据引才成效给予奖励。

对企业成功申报的博士后创新实践基地、博士后科研工作站和院士专家工作站给予财政补助；完善企业领衔专家、首席技师、特聘技师等技能带头人制度；在激活现有人才活力中，沙坪坝区探索实施事业单位高层次科技人才年薪制、协议工资制和项目工资制；对落户区内、具有独立法人资格的研发机构创办者或合伙人，可享受5年内按其缴纳个人所得税地方留成部分的额度给予财政补助政策等。

在激活创新人才活力中，沙坪坝区还从金融上进行扶持。区里组建沙坪坝区科技投资公司，重点支持高新技术产业项目。设立创新驱动发展资金20亿元，主要用于战略新兴产业发展、研发平台建设、创新创业扶持等。完善“助保贷”制度，为科技型中小微企业提供融资、担保和投资。

（六）搭建平台支撑，扩宽创业空间

用市场机制搭建创新平台，聚集各种人才和科技成果，有效孵化科技企业，这是沙坪坝在机制上的第一项创新。为了为创新创业者提供广阔的工作空间，沙坪坝区搭建了高新技术产业集聚的园区平台、创新资源高度集聚的平台、集聚创新创业人才和企业孵化的众创平台。

对高新技术产业集聚的园区平台进行全面升级，进行政策服务等方面的完善，力争到2020年，园区内的高科技企业数占比达60%以上，核心产业的产值占比达80%以上；对于创新资源高度集聚的平台以及成功创建的国家级、市级科技研发平台给予资金奖励。沙坪坝区内的高校和科研院所多，选择创新能力强的企业试点推进企业内设研发机构法人化，力争到2020年培育科技小巨人企业15家，新增高新技术企业20家，国家级重点实验室、技术中心5家，市级重点实验室、技术中心10家；对于集聚创新创业人才和企业孵化的众创平台，沙坪坝区已建各种众创类平台28个，并建起全市首个众创空间联盟，计划到2020年，新增各类众创空间平台25

家，独立法人资格研发机构 10 家，引入创新创业领军人才 30 名。[1] 三大创新平台的搭建，为沙坪坝区的创新创业人才，提供了施展才能的广阔空间。

（七）推进金融与社区的融合

重庆市沙坪坝区政府积极助推金融支持进社区，对于辖区内发展潜力好的企业，由区金融办协调金融机构提供资金支持，并推荐其到重庆股份转让中心托管，逐步打造成为上市公司；对于辖区内的微型企业，金融办积极争取优惠政策，为企业提供资金补贴。

第二节　其他城市创新城区建设实践

一、大连金州区[2]

金州区位于辽东半岛南部，大连市中部，面积 1850 平方千米，户籍人口 110 万人，辖 27 个街道。金州区开放基础雄厚，拥有“神州第一开发区”——大连经济技术开发区、金石滩国家 5A 级旅游度假区、大连保税区、普湾经济区、金州经济开发区、金渤海岸服务业发展区、登沙河产业区、大连国家农业科技园区、大连渔业加工园区等 9 个功能区和一个全国小街道办事处建设试点街道——大连市金州区炮台街道。2014 年 6 月 23 日，《国务院关于同意设立大连金普新区的批复》(国函〔2014〕76 号) 决定，同意设立国家级新区：金普新区。金普新区位于大连市中南部，包括大连市金州区的全部行政区和大连市普兰店区的部分地区，总面积约 2299 平方千米。

为加快建设创新型城区，金州新区推出科技创新政策“1337”架构，新区党工委、管委会联合下发关于增强自主创新能力、建设创新型城区的指导意见，新区科技局制定并印发关于科技计划管理、信息技术推广应用、技术研发机构、创新项目、科技企业孵化器、知识产权等 6 项具体管理办法，着力加强“创新主体研发能力、创

---

[1] 罗成友 . 沙坪坝：机制创新激活创新资源 [N]. 重庆日报 ,2016-12-28(001).

[2] 大连金州新区全力推进创新城区建设 .http://liaoning.nen.com.cn/system/2013/11/04/011301639.shtml

新平台支撑能力、创新资源集聚能力”三大能力建设，加快构筑独具特色的区域创新体系和现代产业体系，积极营造“创新创业在新区”的社会氛围，全力推进创新型城区建设。

（一）推动产业转型升级

通过实施促进新兴产业发展、新区加强自主创新促进高新技术产业发展的两个实施细则，并落实新区新兴产业发展促进基金管理暂行办法，为新兴产业提供制度保障，点明发展方向。与此同时，实施促进新兴产业发展计划、重大产业化项目推进计划、制造业信息化重点项目支持计划和启动新兴技术示范工程等措施，借助科技创新、科技进步推动优势产业做大做强做久。并大力发展战略新兴产业，不断加速推动新区产业结构优化升级。

推动高新技术企业发展工程建设，借助高新技术企业的梯队培育以及科技计划专项，加强对高新技术企业的扶持力度，有力改善高新技术产业的发展环境。实施创建国家级产业基地与园区计划、启动产业园区“三个一”工程、制定鼓励产业园区设定并实施自主创新型示范园区的管理办法等，全力推进国家高新技术产业基地建设，提升新区各产业园区的自主创新能力。推进产业集群集聚提升工程建设，助力现有产业优化升级，以快速形成具有国际竞争力的现代产业化体系。实施新兴产业培育工程，加速新区产业结构调整，发展符合本区特色的新兴产业，培育未来新的经济增长点。实施研发机构倍增工程，通过积极培育本区企业设立研发机构并吸引外区企业在本区建立研发机构，推动新区协同创新能力有效提升。同时，重点扶持集成电路、半导体照明、生物、智能制造装备、软件与信息服务、新型平板显示等新兴产业。

（二）完善平台制度保障

实施科技研发平台建设工程，扶持企业建设产业中试平台，引导企业与高校、科研院所开展合作。实施科技载体平台建设工程，通过“创新大厦”建设，加大对孵化器、加速器的支持力度，培育产业新的增长点。实施科技服务平台建设工程，通过建设特色专业技术、公共信息、成果对接与交易以及科技融资等公共服务平台，快速增加和提升新区科技中介服务机构的数量和整体水平。

启动并积极推进领军人才、创业（海归）团队引进工程，不断完善发挥新区高校的人才培养及新区鼓励高端人才等措施，不断推动战略性引入优秀人才，建设创新型人才高地。实施知识产权推进工程，构建知识产权产业化体系，加强在本区重点发展科技产业领域的专利培育力度。启动并持续推进中小企业融资和技术市场（平台）建设工程，建立并支持中小企业投融资对接平台，努力完善科技型中小企业贷款贴息实施细则等，实现创新科技金融体系的建设及科技投融资环境的优化。

（三）鼓励主体自主创新

新区管委会通过并下发的加强自主创新促进高新技术产业发展的若干规定、促进新兴产业发展的若干政策及科学技术奖励规定等3项政策，以加大金融支持、完善专利制度、打造奖励政策等方式为各创新主体扫除障碍，畅通发展道路，鼓励自主创新。

通过实施自主创新技术研究开发计划、启动高新技术培育工程和研发机构增速工程、制定科技金融扶持政策等，提高企业在自主创新中的主体地位，形成全社会支持企业技术创新的发展环境。新区对于企业的扶持力度空前，2016年其用于科技创新的扶持资金达1.3亿。

通过重点实施科技创新支撑条件专项计划，启动创新载体建设530工程，并制定新区科学技术奖励办法，切实增强区域自主创新能力，提高各创新主体自主创新的积极性，打造科技进步、创新发展强区。实施专利倍增与核心专利转化计划、加强在校学生科技创新建设、推进标准化建设、加强商标与品牌建设、建立技术转让交易平台等，强化知识产权保护，创建知识产权示范区，形成有利于在校学生和科研人员自主创新的环境，助力其自主创新。

二、宁波奉化区

奉化区隶属于浙江省宁波市，位于浙江省东部沿海，宁波市南。陆域面积1277平方千米，海域面积91平方千米，海岸线长63千米，岛屿24个。辖6镇5街道，2016年户籍人口48.38万，常住人口51万。2016年，奉化区实现地区生产总值488亿元，增长50.6%；财政总收入62.6亿元，社会消费品零售总额146.4亿元，增长11.8%；城镇和农村居民人均可支配收入分别达到45371元和25885元，增长7.5%和7%；接待游客1800万人次，实现旅游综合收入136.9亿元，分别增长11.1%和16%。被评为国家卫生城市、中国优秀旅游城市、最佳生态文化旅游城市、首批国家农产品质量安全市、省生态市和省环保模范城市。

（一）优化创新环境

奉化区编制出台了《宁波市奉化区“十三五”科技创新发展规划（2016~2020年）》，加快完善创新驱动政策支撑体系，制定了建设甬台众创小镇的意见、“强龙工程”培育实施办法、科技型初创企业培育扶持暂行办法、创业创新投资基金管理办法等一系列扶持政策和措施，积极营造“大众创业、万众创新”的氛围。

（二）加大科技投入

全面推进“互联网＋”深度融合创新，形成创新驱动发展新动能。引导企业加大研发投入，组织实施重大科技专项，加大对科技型、创新型企业培育扶持，深入推进“机器换人”“电商换市”“二化”融合等重点工程建设，进一步提升科技创新的支撑引领作用，同时有力地促进了经济结构调整和产业转型升级。2016 年全区财政科技投入 23060 万元，同比增长 38.76%。在财政资金引导下，企业科技投入也不断增长。2016 年，R & D 经费支出达 8.78 亿元，占 GDP 比例达 2.57%，实现高新技术产业产值 123.65 亿元，占规模以上企业总产值 22.46%。[1]

（三）提升自主创新能力

精心培育一批具有成长性、示范性和竞争力的科技项目，大力抓科技计划项目实施、高新技术企业和研发中心建设，提升企业创新能力。2016 年，全区共组织实施了区本级以上科技计划项目 216 项。新增国家高新技术企业 19 家，省高新技术企业研发中心 1 家。截至 2017 年 7 月，全区共拥有国家高新技术企业 89 家，省高新技术企业研发中心 19 家，宁波市企业工程（技术）中心 72 家，奉化区级企业工程（技术）中心 180 家。[2]

（四）积极推进创新平台建设

利用滨海新区、宁波市科创中心等产业集聚平台，建立国家大学科技园奉化园、苏氏精密制造宁波强基产业园，引进北京特米纳特“沥青基碳纤维”、比亚迪新能源汽车、气动产业园等项目。与上海对外科技交流中心签订《协同创新战略合作协议》。中科院宁波材料所奉化中心、浙江工业大学奉化智慧经济研究院、赛伯乐奉化创社、摩米创新工场等科创平台投入运营。2016 年，全区新引进 5000 万元以上项目 65 个，注册资金 138 亿元，美康生物、橙果设计、中广传媒、众兴新材料、北大创业训练营等一批优质项目签约落地，共拥有科技活动人员数达 5109 人。众多创新要素的集聚，为加快推进创新型城区建设打造了新引擎。

三、武汉市江岸区[3]

江岸区是湖北省武汉市的一个市辖区，位于长江西北岸，武汉三镇中汉口的东

---

[1] 奉化：多举措推动创新型城区建设 [J]. 今日科技 ,2017,(07):47。

[2] 奉化：多举措推动创新型城区建设 [J]. 今日科技 ,2017,(07):47。

[3] 推进动力转换深耕双创沃土 江岸加快建设创新型城区 . 新华网，http://news.xinhuanet.com/info/2016-12/22/c_135925133.htm，2016-12-22.

部。武汉市人民政府机关、市人大、市政协机关等均设在区内，是武汉市的政治、经济、文化、金融和信息中心。截至 2016 年，江岸区全区土地面积 70.25 平方千米，户籍人口 71.11 万，常住人口 100 万 。完成地区生产总值 960 亿元，全社会固定资产投资达到 550 亿元，社会消费品零售总额达到 595 亿元；外贸出口总额达到 27.4 亿美元，地方一般公共财政预算收入达到 106.6 亿元。

近年来，江岸区围绕打造经济、城市、民生三个升级版，不断建立健全以企业为主体、市场为导向的创新体制机制，依托科技园区和创业街区等空间载体，大力发展新技术、新产业、新业态、新模式，以创新支撑引领经济社会发展，加快建设创新活力迸发、创新要素聚集、创新经济发达的创新型城区。

（一）优化配置科技资源

健全技术创新市场导向机制，突出企业创新主体地位，将现有计划资源整合为面向自主创新与成果转化应用、公共创新服务平台建设、科技创业的三大科技计划类型，建立起科技创新创业、科技成果转化、科技服务相互配套衔接的科技计划支撑体系。

（二）加大培育高新技术企业

实施“中小企业成长路线图”计划。打造以大学生创业“苗圃”、科技企业孵化器及加速器为主要平台的企业培育基地。加大战略性新兴产业发展引导基金、科技创新券等科技金融产品对中小企业研发支持的力度，全区平均每年新建科技企业技术研发中心 2 家。

（三）鼓励知识产权创造与运用

实施知识产权优势企业培育工程和发明专利倍增计划。深入开展知识产权管理，完善专利申请费补助服务平台，鼓励企业和个人开展技术创新活动，引导帮助企业及个人实现知识产权价值。积极组织实施科技大转化工程，采取财政科技研发经费资助与企业自筹相结合的方式实施技术成果转化。制定知识产权交易补贴办法。

（四）构建人才保障和智力支撑体系

加大培养和引进科技领军人才力度。目前江岸区有中国工程院院士 5 名，国家、省、市、区四级专家 330 余名，“黄鹤英才计划”41 名。各类人才和团队入选数继续保持全市领先位置。

（五）推进智慧城市建设

建设完成智慧江岸公共信息平台及基础数据库、智慧政务、教育云信息中心、智慧工地、智慧街道、智慧社区等十大系统与平台。智慧江岸公共信息平台、智慧工地、百步亭智慧社区、育才小学智慧校园等项目被授予武汉市“智慧城市建设示范项目”称号。

四、杭州市上城区[1]

上城区位于杭州市中部偏南，东临钱塘江，西贴西湖，南枕玉皇山，总面积18.17平方千米。上城是杭州中心城区之一，也是南宋王朝皇城所在地，是杭州商贸旅游中心、文创中心，是浙江省面积最小、单位GDP最高的城区。上城区辖6个街道，共有54个社区，总人口35.13万人。2013年1月30日中华人民共和国住房和城乡建设部将杭州市上城区列为第一批国家智慧城市试点。[2]

近年来，上城区以推动科技创新与大众创业、万众创新紧密结合为主线，全面落实创新驱动发展战略，通过整合创新资源、加速推进众创空间建设、加快集聚高层次创新人才、促进科技金融结合、稳步提升企业创新能力等举措，推动创新型城区建设，至“十二五”末，科技进步对经济发展的贡献率达58.5%。上城区先后获得“国家可持续发展实验区”、“浙江省首批创新型试点城市（县、区）”等荣誉称号，创建国家级众创空间4个。

（一）加强顶层设计，创新驱动环境不断优化

紧密结合全区科技创新工作重点，编制出台了《上城区科技创新“十三五”规划》，以“一个七、两个十、三个百、四个增长、五个深化”作为“十三五”科技创新目标。通过“科技+金融”“科技+两创”“科技+平台”“科技+民生”四大工程推进目标任务，制定出台了含金量高的科技创新总政策——《上城区关于实施科技创新战略，加快建设创新型城区的若干扶持政策》、出台了《上城区关于发展众创空间推动大众创业、万众创新的若干意见》等相关配套实施办法和细则，进一步完善了创新驱动政策支撑体系。

（二）是加大科技投入，科技成果转化日益增强

首次在财政科技专项中每年设立众创空间建设资金800万元、科技创新券150万元，建立“风险池”基金1000万元，加大对初创期和成长期的科技企业的资金支持。2016年，全区财政投入科技经费1.2亿元，比上年增长6.71%，其中技术创新专

---

[1] 杭州：上城区五项措施推动创新型城区建设[EB/OL].浙江省技厅网站，http://www.zjkjt.gov.cn/html/node18/detail0104/2017/0104_77826.html。

[2] 上城区.360百科.https://baike.so.com/doc/5769484-5982256.html

项资金 3485 万元，增长 6.68%。当年下达各类科技项目扶持经费 2391.92 万元。截至目前，“风险池”基金可发放贷款额度达 2.3 亿元，已有 23 个科技型中小企业通过信用贷款、应收账款抵押、公司股权质押等方式，累计获得风险池贷款 1.98 亿元；已有 289 个企业在浙江省科技创新云服务平台创新券系统注册，批准发放创新券使用额度 132 万余元。杭州捷尔思阻燃化工有限公司承担的“轨道交通装备新型绿色材料开发与应用——轨道交通专用低 VOC 绿色阻燃可回收轻量化聚丙烯复合材料”等 4 个项目获 2017 年度省级重点研发计划立项。

（三）是突出企业主体，自主创新能力明显提升

精心培育一批具有成长性、示范性和竞争力的科技项目，大力抓科技计划项目实施、高新技术企业和研发中心建设，提升企业创新能力。近年来，全区获得国家创新基金项目 22 项、火炬计划 10 项、重点新产品项目 15 项，省级财政科技经费无偿资助项目 7 个，市级以上科技进步奖 27 项；培育国家重点支撑领域高新技术企业为 68 个，省级科技型中小企业 104 个、专利示范企业 17 个、企业研究院 6 个、高新技术企业研发中心 21 个，有 2 个高新技术企业入选浙江省百强高新技术企业。杭州联众医疗科技股份有限公司获得第五届中国创新创业大赛互联网及移动互联网行业第一名。上半年，威星智能、海兴电力、诚邦园林 3 个高新技术企业上市，目前已累计上市 6 个。

（四）是集聚要素资源，科技合作交流逐步深化

近年来，上城区先后与浙江大学学术委员会签订科技与社会发展战略合作协议，共建浙江大学学术委员会——上城区科技合作交流中心；与浙江省教育厅、杭州市科委签订共建浙江省高校科技成果转化基地、杭州市科技成果转化中心；与浙江工业大学、中国计量大学、浙江科技学院签订创新创业战略合作协议，开展深度合作。上半年，着重围绕推进科技成果转化“三中心”建设，主动加强交流对接，分别组织了融资和大学科技成果转化两个专场路演，省有关高校推荐 19 个项目与风险投资企业进行对接。与长三角研究院杭州分院开展科技合作洽谈，就智能物联网应用示范基地项目、区块链产业小镇项目落地等进行了深入探讨，初步达成协议；与浙江理工大学达成合作意向，共建上城区科技创业中心浙江理工大学分中心；与机械工业经济管理研究院签订全面战略合作协议，共建“先进制造业研发中心”和“咸亨国际应急装备研究所”。

（五）是打造人才高地，创新创业氛围愈加浓厚

科技创新人才是关键，近年来，上城区注重加大人才引进和培育，现拥有国家

"千人计划"2人，入选省"千人计划"2人、省151人才3人、市"521"人才2人、市钱江特聘专家2人、市政府特殊津贴人员3人。上半年，邀请浙大海创留学归国人员团队来上城考察，就引进高素质留学归国人才创业项目开展交流。与杭州市高科技投资担保公司合作成立了"海创驿站"，并在美国硅谷挂牌成立"杭州市上城区海外高端人才联络站"，形成引外到内的科技人才链接。

五、唐山市芦台经济开发区[1]

唐山市芦台经济技术开发区于2003年10月10日成立，其前身为大型农垦联合企业河北省芦台农场。芦台经济技术开发区总面积133平方千米，辖1个镇，20个行政村，1个街道办事处，9个社区，12个二级经济实体，拥有人口4.1万，耕地面积约7667万平方米。[2] 芦台经济开展创新城区建设的主要做法是：

（一）是把四大园区与五大基地提升到创新层面推进

把创建创新型城市与建设科学发展示范区建设紧密结合，在领导机制、工作机制、管理制度等方方面面实现创新。

（二）是把握创新重点，搭建创新平台

在城市创新方面：继续修改、完善城市规划，打造全国第一个文化创意城市。在产业创新方面：积极推进中国动漫（芦台）综合产业总部基地及国家级产业园区。在新材料、新工艺应用上：积极推广镁合金、机械手、多功能焊接机器人、大型等离子切割机、电机一线制等产品及闪光焊、金码喷涂等新材料、新工艺。积极搭建企业创新平台，通过研究政策、运用政策鼓励企业创新。加大调研力度，经常性深入企业，服务企业，编制企业创新报告。

（三）是把培养和使用人才作为创新工作重点

借脑用脑不费脑、借力用力不费力，高度重视人才引进，积极谋划创新工作重点，依靠科技实现创新，积极为创新型企业出点子想办法，为企业提供优质、高效服务。

[1] 各省市推进创新型城市建设的主要做法．豆丁网，http://www.docin.com/p-863787527.html,2014-07-14。

[2] 唐山芦台经济开发区[J]. 经济论坛，2008(11):2+141.

第三节　雄安新区、深圳特区与浦东新区建设实践

一、雄安新区[1]

2017年4月1日，中共中央、国务院印发通知《中共中央、国务院决定设立河北雄安新区》，将雄安新区定位为“继深圳特区和浦东新区之后又一具有全国意义的新区，是千年大计、国家大事”。雄安新区规划范围涉及河北省雄县、容城、安新3县及周边部分区域，地处北京、天津、保定腹地。雄安新区首先规划了特定区域，并以此为起步区来进行先行开发，起步区面积约100平方千米，中期发展区面积约200平方千米，远期控制区面积约2000平方千米。

设立雄安新区，是以习近平同志为核心的党中央深入推进京津冀协同发展做出的一项重大决策部署，对于集中疏解北京非首都功能，探索人口经济密集地区优化开发新模式，调整优化京津冀城市布局和空间结构，培育创新驱动发展新引擎，具有重大现实意义和深远历史意义。

规划建设雄安新区主要突出7个方面的重点任务：一是建设绿色智慧新城，建成国际一流、绿色、现代、智慧城市。二是打造优美生态环境，构建蓝绿交织、清新明亮、水城共融的生态城市。三是发展高端高新产业，积极吸纳和集聚创新要素资源，培育新动能。四是提供优质公共服务，建设优质公共设施，创建城市管理新样板。五是构建快捷高效交通网，打造绿色交通体系。六是推进体制机制改革，发挥市场在资源配置中的决定性作用和更好发挥政府作用，激发市场活力。七是扩大全方位对外开放，打造扩大开放新高地和对外合作新平台。建设绿色生态宜居新城区、创新驱动发展引领区、协调发展示范区、开放发展先行区，努力打造贯彻落实新发展理念的创新发展示范区。[2]

规划建设河北雄安新区，是尊重城市建设规律、解决“大城市病”问题的关键一招，是创新区域发展路径、打造新的经济增长极的点睛之笔。雄安新区将加强优质

[1] 受权发布：中共中央、国务院决定设立河北雄安新区 [EB/OL].http://news.xinhuanet.com/yuqing/2017-04/03/c_129524015.htm, 2017–04–02/2017–09–27.

[2] 受权发布：中共中央、国务院决定设立河北雄安新区 [EB/OL]. 新华网，http://news.xinhuanet.com/politics/2017-04/01/c_1120741571.htm

教育医疗等公共服务资源支持，促进提升城市综合承载能力，形成吸引力，设立雄安新区中关村科技园，引导科技创新资源集聚，统筹生产、生活、生态三大布局，努力打造贯彻落实新发展理念的创新示范区。中央设立雄安新区，即在借鉴吸收国内外有益经验的基础上，贯彻协同发展、创新发展的理念，为拓展区域发展新空间铺就的一条新路。

二、深圳特区

深圳经济特区成立于1980年8月，是我国最早成立的经济特区之一。设立经济特区的最初目的，是以减免关税等手段，通过实行特殊的经济政策、灵活的经济措施和特殊的经济管理体制，创造良好的投资环境，鼓励外商投资，引进国外先进的技术和科学的管理方法，促进本国经济技术发展。

借改革开放的东风，深圳在短短30多年的时间里，从一个渔火薄田的边陲小镇发展成为欣欣向荣的现代化城市。进入21世纪，深圳坚持将创新作为城市发展主导战略，加快全面创新改革试验，率先提出并积极构建综合创新生态体系，形成了以创新为主要引领和支撑的经济体系和发展模式。

（一）建设创新型城市，实施创新驱动

2008年，深圳成为全国第一个创建国家创新型城市试点。根据国家发改委的批复，深圳市创建国家创新型城市的总体目标是：把自主创新作为深圳城市发展的主导战略，夯实创新基础，完善政策环境，增强创新能力，将深圳建设成为创新体系健全、创新要素集聚、创新效率高、经济社会效益好，辐射引领作用强的国家创新型城市。与此同时，国家发改委要求深圳市重点围绕加强创新基础能力体系、创新产业体系、创新政策体系、创新资本体系、创新合作体系等五大体系。[1]

为推进国家创新型城市建设，深圳制定出台了《深圳国家创新型城市总体规划（2008~2015年）》，明确创新型城市建设的指导思想、基本原则，确定了国家创新型城市建设的总体目标是，实现发展方式、体制机制、科技、产业、社会文化等领域的全面创新，率先建成创新体系健全、创新要素集聚、创新效率高、经济社会效益好、辐射引领作用强的国家创新型城市，成为有国际影响力的区域创新中心。提出创新型城市建设的主要任务，是要实现发展方式创新、体制机制创新、科技发展创新、产业发展创新和社会文化创新，实施基础能力、应用能力、科技计划、新兴产业、高

[1] 深圳市创建创新型城市新闻发布会.深圳政府在线,http://www.sz.gov.cn/cn/xxgk/xwfyr/wqhg/fbh_37/.

端产业、产业服务、创新支撑、城市空间、创新文化和开放合作等十大工程。[1]

深圳大力实施创新驱动发展战略，积极培育各类创新载体，推进新型科技研发机构建设。引进高校和科研机构加强源头创新，加快高端科技基础设施建设。加大核心关键技术的联合攻关，围绕前沿技术、新兴产业和交叉领域，实施“登峰计划”。加速重大创新成果转化，在云计算、物联网、卫星导航等领域建立了45个高水平产学研联盟，推动科学发现、技术发明和产业一体化发展。培育壮大科技服务业，形成了涵盖研发设计、技术转移、知识产权等在内的科技服务体系。建设国家创客中心，出台促进创客发展的政策措施和行动计划，包括知名的柴火空间等在内的一批众创空间蓬勃发展。

（三）构建金融服务体系，推动金融科技融合

深圳积极推进创新链、产业链和资本链有效融合，建立从实验研究、中试到生产的全过程科技创新融资模式。改革财政科技资金投入方式，加大银行、政府、企业合作力度，采用科技保险、天使投资引导、股权投资等方式，鼓励资本市场各类资金资源投入科技研发和创新活动。完善股权交易、产权交易和知识产权交易体系，推动科技型企业上市。积极发展债券市场，推广集合型发债模式，支持创新型企业发行企业债券，扩大债券融资规模。推行科技创新券制度，以普惠性政策提高全民的创新积极性。鼓励银行开展投贷联动、知识产权质押贷款、股权质押贷款等创新业务，加快科技保险等多样化金融服务方式发展。鼓励金融产品创新，强化银行等金融机构对创新型城市建设的服务功能。

（四）加强文化创新，激发创新活力

深圳发挥移民城市的优势，在全社会大力营造“勇于冒险、追求成功、崇尚创新、宽容失败”的创新精神，激发全社会的创新思维和创新活力，使创新成为全社会的普遍共识和自觉行动。

1. 提高公共创新素质。坚持以人为本，促进社会和谐，培育创新文化，培养创新创业人才，提高公众创新素质，增强公众科学素养。

2. 提升城市的创新精神。弘扬特区创新文化，继承鼓励创新、宽容失败的文化传统，发扬移民城市“海纳百川，有容乃大”的文化特性。树立以市场观念、开放观念、创新观念和竞争观念为特色的文化价值观，进一步塑造和提升城市的创新精神。

[1]《深圳国家创新型城市总体规划(2008~2015)》，深圳市科技创新委员会网站，http://www.szsti.gov.cn/info/plan/cxcs.

3. 强化社会创新服务。推动创新要素协调发展，为创新发展打造宜居宜业的社会文化环境。推进社会公共服务内容多样化，实现公共资源均衡化发展和优化布局。促进社会事业供应主体多元化，满足社会群体多样性和多层次需求。规范和发展社会组织，促进社会组织在公共服务领域发挥积极作用。发挥政府的公共服务职能，确保公共财政向公共事业等民生领域倾斜。建立可持续发展的社会保险制度，与社会救助、社会福利、优抚安置和社会慈善事业共同形成完善的社会保障体系，消除创新发展的后顾之忧。

4. 推进城市管理创新。提高创新型城市的管理服务水平，营造有利于创新创业的人居环境。深化土地有偿使用制度改革，试行土地出让弹性年期制度，促进土地资源循环利用。实施多元联动的综合开发模式，合理确定开发建设时序，优化城市开发建设方式。鼓励市民参与城市管理并形成互动，加快数字化城市建设，建立科学、严格、精细、高效的城市管理模式。完善产业集聚区的治安、交通、教育、医疗等配套环境，建设国际化商务中心区和高标准国际住宅区，满足创新人才工作生活需要。[1]

5. 实施创新文化工程。加强创新文化载体建设，加快文化创意平台建设，推进文化产业集群建设，推动创新文化的提升和凝聚，大力发展文化产业，营造城市创新良好氛围，提升城市文化软实力。

（五）推进开放创新，吸纳配置全球创新资源 [2]

发挥区位优势，以深港合作为重点，面向全国创造发展新空间，面向世界加快推进国际化，提高吸纳和配置全球创新资源的能力。

大力推进“深港创新圈”建设，依托深港两地高校、科研机构和企业，充分利用两地创新资源互补性，共同建设高水平公共技术平台和创新型产业项目。深化深港金融合作，完善深港资金交易基础设施，促进深港资金交易便利化。深化两地银行业务合作、证券交易所合作，推动两地资本市场互联互通。深化基础设施合作，加快机场、铁路、港口等交通物流基础设施建设。同时加强国内区域合作，通过产业转移和城市功能互补，与周边城市建立更紧密的合作关系。

积极探索国际技术合作。探索国际合作新形式，积极参与更高层次的全球科技合作竞争，努力在全球范围集聚配置创新资源，打造具有世界影响力的一流科技创新中心。积极承接国际跨国公司研发中心转移，大力引进跨国公司设立研发机构、技术

---

[1] 关于印发深圳国家创新型城市总体规划（2008-2015) 的通知（深府〔2008〕201 号）. 深圳市科技创新委员会网站，http://www.szsti.gov.cn/info/plan/cxcs，2008-09-21.

[2] 深圳国家创新型城市十项重大工程 [J]. 中国科技投资 ,2009,(09):22-25.

转移机构和科技服务机构，广泛开展国际科技合作，积极参与中微子实验国际合作项目、欧盟地平线2020研发计划、国际基因组计划等国际大科技计划，支持企业在全球布局研发机构。[1]

（六）汇聚高层次创新人才

深圳把人才作为创新的第一资源，坚持自主培养和外部引进并举，突出“高精尖缺”导向，加强人才载体建设，推进人才工作立法，制定具有吸引力的人才政策，海纳天下英才。

深圳集聚以人才为核心的高端创新资源，积极实施人才强市战略，持续加大创新人才引进与培育力度，努力打造人才宜居宜业城市。制定出台引进高层次专业人才“1+6”文件、人才安居工程等政策，落实广东省“珠江人才计划”，实施引进海外高层次人才“孔雀计划”等，为创新驱动发展提供了有力的人才支撑。2016年，新引进“孔雀计划”创新团队23个；累计引进“珠江人才计划”创新团队31个、“孔雀计划”创新团队87个。[2]

三、浦东新区

1990年，中共中央和国务院决策开发浦东，提出了“开发浦东，振兴上海，服务全国，面向世界”的方针，标志着浦东开发开放从20世纪80年代的上海地方战略构想，上升为20世纪90年代的国家重大发展战略，标志着中国改革开放进入一个新的阶段。

（一）发挥后发优势，创新城市开发开放模式

浦东开发是继深圳、珠海等经济特区建立10年后启动的，基于深圳等经济特区开发开放的经验，浦东的开发开放具有后发优势。浦东拓展经济全球化视野，充分用足用好中央政策，以先进制造业和现代服务领域作为对外开放的重点领域，吸引了国内外大批金融贸易机构，成为吸引国际资本、先进技术的大平台。浦东开发之初，积极探索城市开发开放模式的创新，打破长期实行的土地无偿使用制度，通过土地融资、企业上市、适度举债等金融创新，积累了大量建设资本。坚持规划优先、基础设施优先、环境保护优先，高标准建设浦东新区。

[1] 打造“中国硅谷”——深圳创新驱动发展情况综述[J]. 中国科技奖励,2016,(11):52-54.

[2] 喻剑. 深圳持续发力源头创新[N]. 经济日报,2017年4月26日，15版。

（二）发展以现代服务业为主的产业结构

浦东开发抛弃过去以工业区、开发区为主的产业发展模式，以现代服务业为重点，打造以金融和贸易为主的产业结构。浦东大力扶持现代服务业发展，制定出台了《2005~2007 年浦东新区发展现代服务业三年行动纲要》，浦东提出构筑和完善现代服务业“1+4+4”的发展格局，即：以金融业为核心产业，以现代物流业、信息服务业、商业贸易和会展旅游业为重点产业，带动文化服务业、房地产业、教育卫生体育等社会服务业的发展，在与杭州、合肥、宁波等兄弟城市联手的基础上，依托长三角，大力发展服务外包业，走二、三产业融合，互相促进的高端产业之路。通过大力扶持发展相对落后的第三产业，使第三产业年均增幅超过 30%。[1]

（三）实施金融改革创新

浦东新区大力推进金融体制改革，建立了全国唯一以金融服务为主要功能的开发区——陆家嘴金融贸易区，建立了国内第一家外资银行的分行和第一家外资保险公司。推动金融体制机制创新，试点外汇管理“九条”改革措施和境内资金对外投资，发行外币基金，吸引外资金融机构落户浦东。

开发开放以来，浦东新区陆续建立了一批股权、期货、外汇交易机构，包括上海证券交易所、中国金融期货交易所、上海黄金交易所、上海钻石交易所、银行同业拆借中心、中国外汇交易中心，有效活跃了资本市场，集聚了资本要素。

（四）加强区域联动与协同发展

浦东的开放开发，有效带动了长三角地区以及长江中上游内陆区域的开发开放，成为长江经济带崛起的龙头和区域增长极。通过实施浦西浦东“东西联动”发展战略，两者密切协作、相互促进、共同提高，实现合作共赢发展。利用复旦、上海交大等高校、研究机构的创新资源，以及与江苏、浙江等省跨省合作的优势，实现了产业结构优化和传统产业有效转移。

（五）推动市场与政府的有效配合

浦东开发的成功是政府与市场角色明确，在发挥各自优势的基础上有效配合的结果。开发早期，政府起到主导作用。在快速发展时期，政府逐步减少行政干预，推动了六轮简政放权改革，完善了市场运行机制。市场经济集聚与辐射功能得到了充分发挥，吸引了大批内外资本特别是跨国资本持续流向浦东。进入发展成熟期，政府持

[1] 张娟锋，贾生华 . 浦东、滨海新区的发展阶段及其启示 [J]. 中国房地产 ,2012,(17):23-27.

续简政放权，市场机制日益完善并充分发挥，市场效率和政府调控得到了进一步有机结合。

（六）实施人才高地战略

注重同步引进项目与人才，实现人才项目同步到位。设立海外留学生创业专项基金，实现多方支持与政策优惠。坚持“用精英人才的精英阶段”的思路，打破传统户籍管理、国籍问题，以突破性政策吸引海外留学人员。搭建良好环境与平台，实现新区人才高地建设。

第四节　国内创新城区实践的经验借鉴

纵观国内几个典型创新型城区的创建过程，其建设模式各具特色，有以下几个方面的成功经验值得总结和借鉴：

一、因地制宜，结合城区特点实际建设创新城区

各个城区具有不同区位、资源禀赋和区域文化，创新城区的建设也应因地制宜，量身定制。要制定符合创新城区的类型、特点的顶层设计、建设规划和实施路径，选择切实可行的建设方案和具体措施。

二、完善创新基础设施，建设区域科技创新体系

创新基础设施是创新能力的载体，是保障创新活动开展和创新体系有效运转的重要基础。要加强区域科创中心建设和科技投融资平台建设，完善创新平台、信息网络、共享数据库等基础设施，提高创新基础设施的共享水平；加强产学研之间的紧密合作，建立以企业为主体、市场为导向、产学研合作的新体系，大力发展高新技术产业；强化知识产权保护，鼓励科技成果的转化，调整科技成果的供求关系及结构，形成协同创新网络和技术创新的内在机制。

三、注重人才培养和引进

推进创新城区的建设，人才是根本。一是要依托各种平台和载体，深入实施人才培育工程，设立人才发展专项资金，培养造就各类人才。二是落实吸引人才的资助

机制和激励政策，营造良好人才环境，优化人才服务，吸引国内外优秀人才。三是积极发展人事代理和新型人才中介服务，逐步建立以市场机制为主导、灵活高效的人才社会化服务体系。

四、政府应充分发挥引导和保障作用

正确处理政府和市场的关系，充分发挥市场在资源配置中的决定性作用，并不妨碍政府在创新城区建设过程中引导和保障作用的发挥。城区政府应制定明确的创新城区发展战略，制定和颁布促进创新型城市建设的政策措施，营造有利于创新的文化氛围，引导全社会参与创新型城市建设。

第四章　山东创新驱动发展新起点

第一节　山东创新驱动发展历程回顾

科学技术是第一生产力，创新是发展的不竭动力。21世纪伊始，科学技术进入飞跃性发展阶段，科学技术和创新能力成为衡量一个国家和地区的重要标杆。党的十八大提出实施创新驱动发展战略，就是要改变粗放型发展方式，使创新成为引领发展的第一动力。这一战略也是山东产业转型升级的第一驱动力，山东省积极探索，贯彻推进改革开放的思路、规划及政策，实施创新驱动发展战略，积极推进体制机制改革，大力发展科学技术事业，依靠科技进步促进经济快速发展。1978年改革开放至今，中国经济社会飞速发展，山东经济社会发展进程也大跨步式跃进，作为第一生产力的山东省科学技术创新经历了跌宕起伏的发展过程，并高速向好发展，大致可以分为以下四个阶段。

1978~1984年，科技创新体系恢复重建。1978年，邓小平同志提出的对内改革、对外开放政策开始在中国实行，马克思主义的基本原理“科学技术是生产力”的前瞻性理论在国内普及开来，“科研必须走在国民经济前列”的重要指示开始贯彻推进，为科技创新的蓬勃萌发提供了动力。1983年初，国家经委和国家科委分头组织各有关部门和地方，制定了第六个五年攻关计划，该计划是体现国家目标，面向国民经济主战场的科技计划。自此，山东省的科技创新开始向好起步。山东全省各个地市（县）纷纷成立了科学技术协会，知识分子和科技人才被重新重视和起用，政府的政策改革和科研单位的制度创新纷至沓来，科技经费逐渐增加，科研条件逐步改善。

1985~1991年，体制机制改革助推科技发展。1985年3月13日，中共中央做出了《关于科学技术体制改革的决定》，提出了我国逐步形成的科技体制存在严重弊病，确立了“经济建设必须依靠科学技术、科学技术工作必须面向经济建设”的战略方针。在积极响应中央大政方针的同时，山东开始实施“科教兴鲁”战略，在科研拨款、科研人员、技术职称、科技产业等领域的政策和体制机制不断进行改革创新，科技服务能力、基层科技工作、科技成果数量和大众科学观念稳步提升，涵盖政策、科技、人才、产业、市场的创新的体系初步显现。

1992~2005 年，高新技术产业聚力发展。党的十四大确立了建立社会主义市场经济体制的改革目标，改革开放和现代化建设进入新阶段。山东省于 1992 年颁布了《关于加快科技进步推动经济发展的决定》，该政策是学习贯彻十四大精神，统筹推进山东科技创新战线的指导性、全局性文件，具有跨越性和创新性，为山东的科技发展担当舵手，创新科学技术领域的政策和着力发展高新技术产业是此阶段的主要特征。政策方面，涉及高新技术产业发展政策、企业技术创新支持政策、知识产权保护政策、技术市场管理政策、科技进步考核政策、科技人员流动政策、促进科技成果转化政策、科学技术奖励政策、科普政策等诸多方面，形成一套较为完备的科技创新政策体系。产业方面，以智力驱动、创新驱动、人才驱动的高技术产业快速发展，传统产业在高新技术的智力支撑下不断转型，电子信息、生物技术、新材料等领域不断拓展，在知识经济全球化的进程中，为山东的经济和社会发展提供了健康动能。

2006 年至今，实施创新驱动发展战略，建设创新型省份。21 世纪是信息革命的节点，是生命科技的世纪，是高新技术蓬勃发展的纪元，也是人类、科学、自然和谐发展的新时代，科技创新的能力作为先进生产力的集中体现，成为衡量一个国家地区综合实力的重要标尺。2006 年初，胡锦涛提出，“坚持走中国特色自主创新道路为建设创新型国家而努力奋斗”。山东省积极学习贯彻中央思想，倾力增强自主创新能力，力争到 2020 年之前使山东在全国率先进入创新型省份行列。《山东省中长期科学和技术发展规划纲要 (2006~2020 年)》的出台，将资源环境、新能源技术、农业高新技术、海洋技术、社会发展、电子信息技术、生物技术与创新药物、新材料技术与产业发展、先进制造技术、综合交叉学科与管理科学十大领域列入科技自主创新，随后《山东省高技术产业发展“十一五”规划》《山东省“十二五”科学计划发展规划纲要》《山东省“十三五”科技创新规划》系列科技规划纲要陆续出台，指导山东全省全面实施创新驱动发展战略，推进创新型省份建设。

第二节　山东创新驱动发展战略与创新型省份建设

一、山东省创新驱动发展战略

（一）创新驱动发展战略概述

作为一个国家自主创新能力和科技对经济贡献的集中体现，创新驱动发展注重科技对经济社会的支撑和引领作用，决定着国家或地区经济社会的可持续发展前景。目前，许多发达国家或经济科技发达的地区，均由以往的“资本带动”发展模式转换为“创新驱动”发展模式，实现了经济社会发展方式的重大转换。

实施创新驱动发展战略，可以为区域全方位协同发展提供创新性动能。当今时代是知识创新、科技创新、技术创新交织的时代，不同于以往资源驱动的高能耗和粗放式发展模式，技术创新驱动以其难以模仿、附加值高且有专利保护等特点，可以保持长期的竞争优势和强大的竞争力。实施创新驱动发展战略，有利于调整经济结构，加快产业技术创新，用高新技术和先进适用技术改造提升传统产业，促进新旧动能转换，形成新技术、新产业、新业态、新模式，从而提高社会整体生产力水平和产业竞争力；能够改变过度消耗资源、污染环境的发展模式，有效降低资源消耗和能耗、减少污染，直接改善生态环境，维护区域生态体系，建设美丽中国。

（二）山东省创新驱动发展战略实施背景

随着现代科学技术飞速发展，以及经济的全球化进程加快，创新尤其是科技创新已经成为经济社会发展的重要驱动力，大部分国家和地区已将创新发展作为重要的战略部署。

1. 创新驱动发展战略和创新型国家建设。党的十八大明确提出“科技创新是提高社会生产力和综合国力的战略支撑，必须摆在国家发展全局的核心位置。”强调要坚持走中国特色自主创新道路、实施创新驱动发展战略。2015 年 3 月，中共中央、国务院出台《关于深化体制机制改革加快实施创新驱动发展战略的若干意见》，指出创新是推动一个国家和民族向前发展的重要力量，也是推动整个人类社会向前发展的重要力量。面对全球新一轮科技革命与产业变革的重大机遇和挑战，面对经济发展新常态下的趋势变化和特点，面对实现“两个一百年”奋斗目标的历史任务和要求，必须深化体制机制改革，加快实施创新驱动发展战略。提高自主创新能力也成为调结构、促发展的重要核心内容。“十三五”规划继续明确实施创新驱动发展战略，要求把发展基点放在创新上，以科技创新为核心，以人才发展为支撑，推动科技创新与“大众创业、万众创新”有机结合，塑造更多依靠创新驱动、更多发挥先发优势的引领型发展。

党的十九大报告指出，“创新是引领发展的第一动力，是建设现代化经济体系的战略支撑”。要加强国家创新体系建设，加快建设创新型国家，我们实现经济由高速增长阶段向高质量发展阶段跃进，并提出了从2020~2035年，经济实力、科技实力大幅提升，中国跻身创新型国家前列的具体目标，为全面建设社会主义现代化国家指明了动力方向。

2. 山东省创新驱动发展与创新型省份建设。2015年3月，中共中央、国务院发布了《关于深化体制机制改革加快实施创新驱动发展战略的若干意见》。山东省委、省政府对此高度重视，立即作出部署，由山东省发展改革委牵头、联合32个部门，代省委、省政府起草了《中共山东省委山东省人民政府关于深入实施创新驱动发展战略的意见》，并充分征求了各方面的意见和建议。2015年8月，山东省委、省政府正式印发实施。《中共山东省委山东省人民政府关于深入实施创新驱动发展战略的意见》由五大部分构成，涵盖二十三项具体的实施政策，为山东贯彻落实创新驱动发展战略，全面提升自主创新能力提供了指导性意见和方向。根据《中共山东省委山东省人民政府关于深入实施创新驱动发展战略的意》指导要求，加快推动创新驱动发展，是山东贯彻落实“四个全面”战略部署、引领经济发展新常态的重要途径，是增强创新驱动发展新动力，促进经济转型升级、提质增效、培育新的经济增长点的根本举措。对于实现“一个定位、三个提升”、走在前列重要目标，推动“山东制造”向“山东创造”战略性转变具有重要意义。

2017年11月15日，省政府印发《山东省创新型省份建设实施方案》，强调加快创新型省份建设是贯彻落实习近平总书记建设创新型国家指示精神的重要举措，也是我省实施新旧动能转换重大工程、实现全省经济由大到强转变的重要抓手。方案提出要以习近平新时代中国特色社会主义思想为指导，深入学习贯彻党的十九大精神，贯彻新发展理念，认真落实省第十一次党代会提出的“创新型省份建设达到更高水平”的部署要求，围绕新旧动能转换重大工程的实施，进一步深化科技体制改革，加快创新驱动发展，强化科技与经济深度融合，全面提升区域创新综合实力，以建设山东新旧动能转换综合试验区为突破，以山东半岛国家自主创新示范区为依托，全面推进科技创新、产业创新、企业创新、产品创新、市场创新，激发潜在创新能力和创新活力，加快推动我省经济结构优化调整，把山东率先建成创新型省份，为在全面建成小康社会进程中走在前列、加快建设经济文化强省提供有力支撑。[1]

方案提出了创新型省份的建设目标，是到2018年建成创新型省份。国家创新型城市引领作用充分发挥，形成特色区域创新发展格局，创新驱动经济社会发展成效显著；山东半岛国家自主创新示范区建设成效显现，成为区域创新发展示范；全省科技创新能力大幅提升，全社会R&D经费支出占GDP比重达到2.5%，每万人发明专利拥有量达到9件，规模以上工业企业有研发活动的比例达到20%以上，每万名就业人员中研发人员达到55人；综合经济实力显著增强，高新技术企业数量超过6000家，高新技术产业产值占规模以上工业产值比重达到35%以上；人才、技术、资本等创新要素流动顺畅，科技成果转化机制健全，创新创业环境更加完善，全省科技服务业产业产值超过6000亿元，年登记技术合同成交额超过600亿元。到2020年，创新型省份建设达到更高水平。科技体制改革成效更为显著，区域创新体系更为健全，区域协调发展格局更加优化，自主创新能力显著提升，技术对外依存度进一步降低，主要创新指标位居全国前列。

（三）山东省创新驱动发展战略主要内容

全面深化、贯彻落实创新驱动发展战略，是山东着眼国家战略高度，立足省域发展广度，锐意进取、创新未来的重要途径。山东省各级政府、各个部门深刻认识创新驱动的重大意义，切实增强创新自信，解放思想、敢为人先、锐意改革，挣脱对创新发展的思想束缚，打破约束创新发展的制度条框，政府、企业、科研院所、高校等各级各类创新主体联动创新、协同发展。树立鲜明的考核激励导向，把创新驱动发展成效纳入17市、省直机关科学发展综合考核范围；加强对创新驱动的正确引导，宣传改革经验，弘扬科学精神，倡导创新文化，回应社会关切；引导社会舆论，大力营造勇于探索、鼓励创新、宽容失败、重奖成功的良好文化氛围和社会环境，加快实现“山东制造”向“山东创造”的创造性转变。[2] 按照《山东省人民政府关于深入实施创新驱动发展战略的意见》，重点领域有以下五个方面：

1. 以改革完善人才使用、培养和引进机制为着力点，充分激发各类人才的创新活力。主要包括建立健全科研人员流动机制、建立完善创新型人才培养机制、建

---

[1] 山东省人民政府关于印发山东省创新型省份建设实施方案的通知 .http://www.shandong.gov.cn/art/2017/11/21/art_2477_227832.html.

[2] 山东深入实施创新驱动发展激发社会创新活力 . 大众网，http://www.dzwww.com/finance/sdcj/201508/t20150814_12908995.html.

立更加开放的引才机制、促进大学生创新创业、扶持发展众创空间等五项措施。主旨在于，在采取有力措施加大高层次人才引进与培养的基础上，做好“解扣”“清障”“搭台”工作，促进人才合理流动，打破企事业单位科研人员“双轨制”问题，调动人才的积极性和创造力，促使科研人员主动创新。

2. 以科学合理的利益分配格局为导向，加快促进科技成果转化为现实生产力。主要包括推动科技成果“三权”下放、提高科研人员成果转化收益比例、探索建立有利于科技成果转化的管理体制、促进科技成果转移转化、强化科研人员股权激励、强化对科研工作的绩效激励等六项措施。主旨在于，通过推动科技成果“三权”下放，提高科研人员成果转化收益比例等措施，进一步简政放权，扫除障碍，突破瓶颈，赋予科研人员更大的自主权，允许高校用无形资产入股，多措并举促进科技成果转化为现实生产力，更好地发挥科技对经济的拉动作用。

3. 以建立市场化的技术创新机制为目的，着力强化企业的技术创新主体地位。主要包括扩大企业在创新决策中的话语权、强化企业创新主体作用、建立完善创新服务体系、推动企业“走出去”合作创新等四项措施。主旨在于政府做好“铺路”“赋权”“造血”工作，营造激励创新的市场竞争环境，给企业充分的决策话语权，让企业真正牵头搞创新，参与政府的规划、战略、决策。支持企业参与国际科技合作，“走出去”拓展利用国际资源，实施开放创新。

4. 以营造公平竞争的创新环境为抓手，着力深化知识产权创造、运营和保护。主要包括支持鼓励知识产权创造、支持开展知识产权运营。加强知识产权保护等 3 项措施。主旨在于，通过资金补助等政策措施，增强企业创造知识产权的积极性和主动性；支持各类市场主体参与知识产权运营，以便更好地发挥知识产权的市场价值；通过加强知识产权保护，营造公平竞争的创新环境，保障创新者的最大权益。

5. 以优化财税政策为引导，着力强化金融支持创新作用。主要包括加大财政资金支持和统筹力度、实行优惠的税收政策、挖掘多层次资本市场功能、创新金融机构支持方式、壮大创业投资规模等 5 项措施。主旨在于通过财政资金、税收优惠、资本市场、创业投资等政策支持，加快建立适应基础研究、技术创新、成果转化等创新驱动不同环节的多样化投融资机制，以金融创新促进创新驱动。[1]

（四）山东省创新驱动发展战略的意义解读

山东省推进实施创新驱动发展战略意在落实中央战略，优化创新环境，实现科学发展的重要遵循。实施创新驱动发展战略，是党的十八大做出的一项重大战略部

[1] 中共山东省委．山东省人民政府关于深入实施创新驱动发展战略的意见（鲁发〔2015〕13 号）。

署，是党中央、国务院面对全球新一轮科技革命与产业变革的重大机遇和挑战，面对经济发展新常态下的趋势变化和特点，面对实现“两个一百年”奋斗目标的历史任务和要求，做出的重大战略决策。[1] 习近平总书强调，实施创新驱动发展战略决定着中华民族的前途命运。抓创新就是抓发展，谋创新就是谋未来。不创新就要落后，创新慢了也要落后。山东省委、省政府制定实施创新驱动发展战略，主要目的就是打破约束创新发展的思想枷锁和政策壁垒，加强自主创新能力，联动各个创新主体，协同政府、科研、产业、资金，着力构建“大众创业、万众创新”的全面创新体系，有效助推山东省创新驱动发展。

山东实施创新驱动发展战略是加快实现发展动力转换，推动经济转型升级、提质增效的重要指导。改革开放三十多年来，山东科技实力、经济总量和综合竞争力不断提升，各项指标跻身全国前列。但是随着工业化中后期发展阶段的到来，资源、成本、人力等约束压力不断增大，特别是应对当前经济发展新常态下经济下行的压力，更加凸显了动力转换的重要性和紧迫性。创新驱动发展战略的实施，有利于进一步提升全省的创新能力，增强经济发展的内生动力，从而推动传统产业转型升级和新兴产业发展，形成新的经济增长点。

山东实施创新驱动发展战略是贯彻落实习近平总书记重要指示，实现走在前列、由大到强战略性转变的具体体现。习近平总书记对山东发展一直高度关心并寄予厚望，2014 年在重要批示中明确要求山东加大实施创新驱动发展战略，努力在全面建成小康社会进程中走在前列。山东省学习贯彻中央《关于深化体制机制改革加快实施创新驱动发展战略的若干意见》，结合全省实际情况，研究制定创新驱动发展意见，是贯彻落实习总书记对山东工作一系列重要指示精神，争取走在全国前列的实际行动。

山东深入实施创新驱动发展战略，也是区域协同发展的重要抓手。通过强化创新引领、规划对接、政策协同、产业协作，促进区域在更高水平上协调发展，南联北融，深度对接国家京津冀、环渤海与长江经济带重大战略，承东启西，深度融入“两区一圈一带”战略，打造“一带一路”文化传播、文明交流互鉴的桥头堡，为以山东为交汇点由南向北梯度开放，由东向西梯度发展的南北分化大格局转变勇当排头兵。

[1] 山东深入实施创新驱动发展激发社会创新活力 . 大众网，http://www.dzwww.com/finance/sdcj/201508/t20150814_12908995.html,2015-08-14.

二、山东省创新型省份建设

（一）创新型省份的内涵

创新型省份是创新型国家建设的重要结构性支点，是加快实施创新驱动发展战略，2020年进入创新型国家行列的必然要求；是培育发展新动力，引领经济发展新常态的内在需要；是贯彻落实国家区域发展总体战略，推动区域协调发展的重要支撑。按照科技部《建设创新型省份工作指引》，一个创新型省份的实现应该具备以下几方面：[1]

1. 发挥政府主导地位和市场参与的决定性作用，完善创新政策体系，强化创新政策落实，注重财税、金融、投资、产业、贸易、消费等政策与科技政策的衔接配套。加强知识产权保护，营造公平开放的市场环境，弘扬具有时代特征、地方特色的创新文化，激发求真务实、勇于探索、团结协作、无私奉献的创新精神，营造全社会尊重人才、尊重创造、鼓励创新、宽容失败的浓厚氛围。

2. 强化企业的主体地位和产业创新能力，培育发展一批战略性新兴产业，支撑传统产业转型升级，提高服务业创新发展水平，加快发展现代农业，引领新业态发展，推进一、二、三产业融合发展，构建具有持续竞争力和支撑力的现代产业体系，加快形成创新型经济格局。

3. 加强国家自主创新示范区、高新技术开发区、创新城区等创新聚集地的创新引领作用，加快培育经济新增长点和发展新动力，形成区域创新发展高地。科学布局各类创新基地和科研平台，推动覆盖创新全链条的实验室、工程（技术）研究中心等研发基地和新型研发组织建设与能力提升，建设一批专业化公共服务平台和科技企业孵化器等创新创业服务载体。

4. 重视人才队伍建设，加强一流科学家、科技领军人才培养，培养一大批具有全球战略眼光、管理创新能力和社会责任感的企业家。建立完备的高精尖人才引进和培养方案，健全科技人才评价激励机制，完善科研事业单位收入分配制度改革，建立与工作业绩、实际贡献紧密联系和鼓励创新创业的分配激励机制。完善创新型人才流动和服务保障机制，改进科研人员薪酬和岗位管理制度，打破人才自由流动障碍，探索适合本地实际、更加开放的创新人才政策。

5. 打造投融资多元化体系。打破政府单一投资现状，引导银行、保险、证券、创投等金融和民间资本投入科技创新，形成多元化、多层次、多渠道的科技创新投

[1] 科技部.《建设创新型省份工作指引》，国科发创〔2016〕111号。

融资体系。建设符合本地实际的融资平台，积极开展知识产权质押融资、科技保险、科技融资担保风险补偿等金融创新服务。

6. 突出科技惠民，推动社会创新。创新公共服务系统，以加强人民幸福度、获得感为宗旨，助推新型城镇化、公共安全等领域核心关键技术研发和转化应用力度，为全面提升人民生活品质和促进社会包容性发展提供技术支撑。加大公益性社会服务投入，加强科学技术普及，做好科技创新宣传工作，提高公民基本科学素养。

7. 加强区域协同发展，建设国际科技合作基地和平台，构建技术转移协作网络，鼓励建立对外研发中心、国际科技企业孵化器，提升对外科技合作能力和水平。促进创新要素跨地区流动，强化高等院校、科研院所和科技创新型企业的成果共享。加强央地联动、军民融合、产学研合作，构建区域协同创新共同体，形成各具特色的区域创新体系和有效互动的区域创新网络，支撑“一带一路”顶层设计。

8. 统筹创新主体、创新载体、创新创业服务、创新人才支撑、创新金融资助、创新政策保障等体系建设，优化创新创业生态，构建区域创新体系。围绕产业链部署创新链、完善资金链，加强基础研究、应用研究、成果转化和产业化协调发展。

（二）山东创新型省份建设背景

自“十一五”末开始，山东省发布了《山东省国民经济和社会发展第十二个五年规划纲要》《山东省“十二五”科学技术发展规划纲要》《山东省中长期人才发展规划纲要 (2010~2020 年)》等涵盖科技、社会、人才各方面的“十二五”规划。这些规划政策的陆续实施，使山东创新型省份建设的思路和要求逐渐清晰，重要性和必要性逐渐显现，前景宏图逐渐明确。“十二五”伊始，山东省长远立足国家创新驱动发展战略的总要求，结合山东省域和省际发展的实际情况，通过深入学习中央精神和实地探究自身结构，制定出台了如《山东省人民政府关于加快培育和发展战略性新兴产业的实施意见》《关于建立全省企业技术创新评价考核指标体系的意见》等具有可实践、可操作的创新政策，对山东省创新型省份建设落地和具体实施夯实了基础。2015 年 11 月，中共山东省委关于制定山东省国民经济和社会发展第十三个五年规划的建议，明确“十三五”时期发展的目标任务。综合考虑未来发展趋势和优势条件，围绕提前实现“两个翻番”，在全面建成小康社会进程中走在前列，把山东建设成具有较强核心竞争力、文化软实力和生态承载力的创新型省份。[1]2016 年 11 月，《山东省“十三五”科技创新规划》出台实施，具体落实面对经济新常态下深化供给侧结

[1] 《中共山东省委关于制定山东省国民经济和社会发展第十三个五年规划的建议》，大众网，http://paper.dzwww.com/dzrb/content/20151202/Articel01003MT.htm,2015-12-02.

构性改革的各项任务，“十三五”期间，山东将围绕创新型省份建设，实施构建完善的区域创新体系、构建支撑引领的技术体系、打造区域创新高地、营造创新创业生态环境、构建科技合作新格局、深化科技体制改革六大核心任务。

山东创新型省份的建设，应当贯彻《国家中长期科学和技术发展规划纲要》提出的“自主创新，重点跨越，支撑发展，引领未来”指导思想，全面实施科教兴鲁和人才强省战略，坚持以问题为导向，整合资源，紧紧围绕山东省创新驱动发展战略要求，政产学研资一体化协同创新，大力发展高新技术产业，加快山东特色科技创新体系成型和高新基础产业集群汇聚。深化供给侧结构性改革，扎实推进“三去一降一补”五大任务，优化存量、引导增量、主动减量，促进经济增长从粗放低效向集约高效、从要素驱动向创新驱动转变，推动产业层次向中高端迈进、供需平衡向高水平跃升，为实现山东由大到强、走在前列提供坚强有力保障。全面落实科技领域改革，科创文创双轮驱动，体制机制双重创新，深化改革，强化开放，聚力创新着力新旧动能转换。

（三）山东创新型省份建设情况

根据《山东省2016年国民经济和社会发展统计公报》的数据统计，山东省以增强自主创新能力，加快建设创新型省份为目标，深化体制机制改革，加强放管和开放力度，不断汇集创新资源和创新要素，促进科技成果的转移转化，加快突破关键核心技术，形成战略引领新优势。提升科技创新供给能力，形成支撑发展新优势。加快科技成果转化，形成市场品牌新优势。深化改革扩大开放，形成科技体制新优势。加快人才培养引进，形成智力支持新优势。创新驱动能力进一步增强，科技实力大大提高，经济保持平稳健康发展。2016年全省实现生产总值6.7亿万元，地方一般公共预算收入5860亿元。供给侧结构性改革稳步推进，新旧动能转换逐步实施，产业结构由“二三一”向“三二一”转变。创新平台建设取得新突破。山东半岛国家自主创新示范区建设启动实施，黄河三角洲国家农业高新技术产业示范区正式成立。国家知识产权示范园区8个，国家火炬计划特色产业基地66个，国家级科技合作基地42个，院士工作站298个，国家企业技术中心179家，省级示范工程技术研究中心300家，分别比上年增加3个、8个、6个、187个、14家和34家。国家知识产权试点市6个，国家知识产权强县工程示范县（区）14个，国家级高新技术产业开发区13个，国家级工程技术研究中心36个，企业国家重点实验室17个。发明专利成果增多。获得国家级科技成果奖励31项。其中，国家技术发明奖7项，国家科学技术进步奖23项，国际科学技术合作奖1项。发明专利申请量8.8万件；发明专利授权量1.9万件。每万人口有效发明专利拥有量 6.33 件，比上年增加 1.43 件。信息产业发展良好。信息技术产业主营业务收入 1.4 万亿元，比上年增长 8.0%；利润 828.2 亿元，增长 8.9%；利税 1283.6 亿元，增长 6.4%。软件业务收入 4405.0 亿元，增长 17.9%；利润 290.0 亿元，增长 21.4%；利税 545.0 亿元，增长 20.2%。软件业务出口 14.9 亿美元，增长 16.6%。17 个设区市和 95% 以上县（市）建成数字城市，基本构建起数字山东地理空间框架。质量强省战略深入实施。新增驰名商标 21 件，地理标志商标 28 件，新认定著名商标 345 件，新核准注册商标 10.9 万件。主导制定国际标准 71 项，主导制定国家标准 1054 项。全国知名品牌创建示范区 10 个，国家地理标志保护产品 63 个。山东省优质产品生产基地 51 个，山东名牌产品 1784 个，山东省服务名牌 352 个，分别比上年增加 12 个、288 个和 149 个[1]。供给侧改革的“三去一补一降”稳健推进，自主创新能力和基础创新能力持续提升，山东半岛国家自主创新示范区、黄河三角洲农业高新技术产业示范区加快建设，新兴的国家级创新平台陆续落地。交通、能源、水利等一批重大项目相继建成，基础设施保障水平不断提高。强化规划对接、政策协同、产业协作，促进区域在更高水平上协调发展。提升青岛西海岸新区辐射带动作用，提高省会城市首位度，支持济南加快建设新旧动能转换先行区，积极推进黄河生态经济带建设，大力发展特色县域经济，培育新的增长极、增长带。全力支持雄安新区建设，深度对接京津冀协同发展等国家战略，进一步提升山东在全国发展格局中的地位。

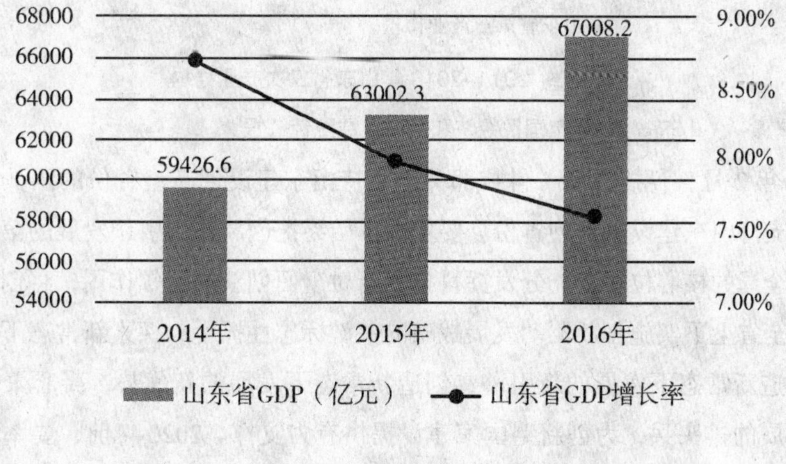

图 4-1　2014~2016 年山东省 GDP 增长情况

图表来源：《山东省 2016 年国民经济和社会发展统计公报》。

[1] 数据来源于《山东省 2016 年国民经济和社会发展统计公报》。

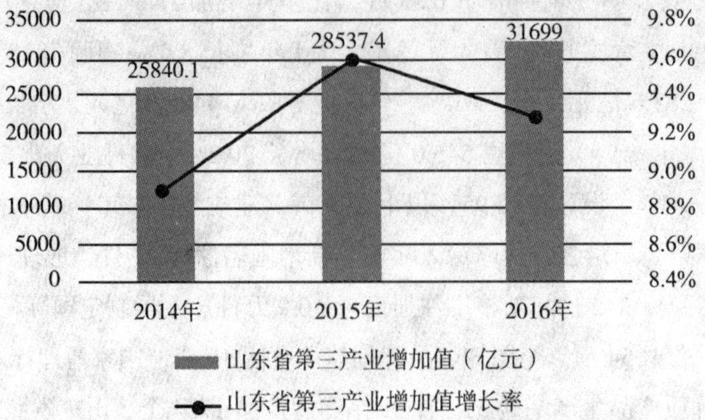

图 4-2　2014~2016 年山东省第三产业发展情况

图表来源：《山东省 2016 年国民经济和社会发展统计公报》。

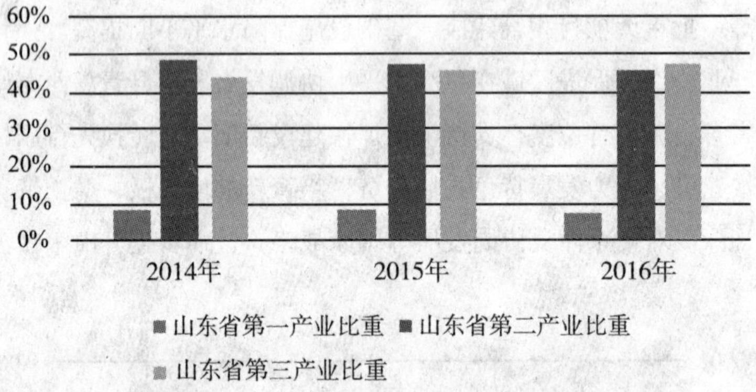

图 4-3　2014~2016 年山东省三次产业结构

图表来源：《山东省 2016 年国民经济和社会发展统计公报》。

2017 年 2 月，科技部发《科技部关于支持山东建设创新型省份的函》至山东，表示充分支持山东建设创新型省份。要求山东始终把创新作为引领发展的第一动力，摆在发展全局的核心位置，充分发挥科技创新对全面创新的引领作用，将创新型省份建设作为全省上下实施创新驱动发展战略的关键标志性抓手，探索新常态下发展的新路径，打造新常态下发展的新引擎，创造新常态下发展的新优势，凝心聚力当好创新驱动发展的排头兵，为创新型国家建设提供有力支撑。2020 年前，要率先进入创新型省份行列，努力在推动科学发展、全面建成小康社会进程中走在前列。要努力形成具有山东特色和引领示范作用的创新发展模式，发挥好科技创新对推进供给侧结构性改革的支撑引领作用，以发展蓝色经济、高效生态经济为主导，做好省内各区域功能互补、相互促进、协调发展的文章，依靠科技创新，破解绿色发展难题和重大民生问题，统筹推进好创新型省份和济南、青岛、济宁、烟台等创新型城市建设，发挥好山东半岛国家自主创新示范区和各高新区的先行先试及引领辐射带动作用，加快实施好全面深化科技体制改革、推动形成区域创新发展新格局、全面提升科技创新综合实力、大力推进创新平台载体建设、加快壮大创新型人才队伍、着力推进科技金融深度结合、加快推进科技服务民生、全面推进开放创新发展、大力优化创新创业生态环境 9 大重点任务。要建立健全创新型省份建设管理体制机制，加强组织领导和工作保障，加大科技投入，强化协同推进，制定系列配套支持政策，做好监督评估和总结推广，把各项保障措施抓实抓好。科技部将积极支持山东推进创新型省份建设，建立定期工作会商机制，加强部省战略对接、政策衔接、措施协同，及时研究解决建设中的重大问题，持续监测评价建设进展情况，加强工作指导和支持力度，及时总结典型经验并予以推广。[1] 此次发函既是对山东创新型省份建设前期工作的肯定，也是对创新型省份建设未来的要求和厚望。

山东省以创新驱动发展战略为引导，创新型省份建设为抓手，具有山东特色的自主创新体系初步形成，全省经济社会发展的拉动和牵引作用日益显现，走出了一条科学发展的新路子。

第三节　山东创新驱动发展现状及存在的问题

一、山东省创新驱动发展现状

（一）区域创新体系

中国经济正进入新常态，主要表现为经济增速放缓，发生趋势性变化，增长模式由粗放式转为创新与消费驱动式，这预示着中国经济将进入一段转型艰难期。如何跨过这道难关，对中国经济尤为重要。山东作为全国 GDP 排行前三的大省，利用得天独厚的自然条件，积极创新发展，探索出了一条“新常态”下区域发展新模式，对山东经济的发展起到了重要的助推作用。

习近平总书记 2014 年 5 月考察河南时指出，“我国发展仍处于重要战略机遇期，

[1] 科技部．科技部关于支持山东建设创新型省份的函（国科函创〔2017〕23 号）。

我们要增强信心，从当前我国经济发展的阶段性特征出发，适应新常态，保持战略上的平常心态”。“新常态”彰显了以习近平总书记为核心的党中央对现实问题和未来挑战的清醒认识，其从本质上说就是从经济高速发展转入中高速发展的换挡期，经济发展处于调整期和危机后宏观调控适应期。山东之所以能够实现外部环境趋紧背景下的逆势增长，源于2008年国际金融危机以来坚持区域发展创新体系。

1. 助推产业转型。自党的十八大和山东省第十次党代会至今，山东紧密把握省情，根植山东特色，稳步促进省域产业转型。稳中求进，逐步调节经济结构，落实供给侧结构性改革和新旧动能转换，以创新驱动替代能耗驱动，逐步整改落后产能。山东立足我国东部海岸门户，充分利用地缘优势，构建“两区”即山东半岛蓝色经济区和黄河三角洲高效生态经济区，“一圈”即省会都市圈，“一带”即鲁南城市带的“两区一圈一带”跨区域协同发展战略。在战略统筹下，山东各市锐意进取，深耕自身优势，挖掘政策红利，助推自身发展。诸如烟台、潍坊、东营、德州等，受益省内政策叠加；诸如滨州、聊城、菏泽，因为纳入了中原经济区或环渤海经济区，则又有了跨省政策的利好；还有诸如临沂、枣庄、淄博、济宁等，还参照执行国家中部地区有关政策或享受资源型城市转型扶持政策。各市协作配合、使得创新要素整合互补，积极融入“一带一路”顶层设计，促进了全省诸多优势产业转型升级的同时，也为部分传统产业拓展了发展空间。

2. 加快推进实施创新驱动发展战略。习近平总书记强调，实施创新驱动发展战略，是立足全局、面向未来的重大战略，是加快转变经济发展方式、破解经济发展深层次矛盾和问题、增强经济发展内生动力和活力的根本举措。[1] 创新驱动发展也是山东紧抓契机，迎接挑战，走在前列的重要抓手，山东各市积极探索，务实推进。青岛市大力推进校地合作，引进复旦大学、中国航天大学、哈尔滨工程大学等国内一流高等学府，协力建设国家级重点实验室、工程中心等顶尖科研平台。日照市深挖自身海洋资源，推动实施中国蓝色经济引智发展计划，为半岛蓝色经济区的创新发展提供智力支撑。济南市着力“打造‘四个中心’、建设现代泉城”，即：打造全国的区域性经济、金融、物流中心和科技创新中心，建设与山东经济文化强省相适应的省会和现代泉城，济南高新区进入山东半岛国家自主创新示范区建设范围，济南获批国家“促进科技和金融结合试点”，成功入围“国家小微企业创业创新基地示范城市”。此外，《2016年泰山产业领军人才工程》的落实推进，也全面助力高校、科研院所和技术企业的对接合作，对产学研一体化的构建提供有力保障，为“山东制造”转向

[1] 李拓．这三年的3月4日 习近平“政协时间”发出哪些信号[EB/OL]. 新华网，http://news.xinhuanet.com/politics/2016-03/03/c_1118228145.htm.

"山东智造"供理论支撑。

3. 区域协同联动发展。山东省积极响应国家的区域战略布局，全力融入"一带一路"顶层设计，深度对接国家京津冀、环渤海与长江经济带重大战略，同时加强与长三角、辽东半岛等区域的联系。实施"两区一圈一带"发展战略，加强区域联动，推进地区间合作与发展的协调，引导推动各地区筹划创新发展，向更高层次方面迈进，奠定山东整体经济社会发展的大局。紧密围绕新旧动能转换，实施好创新驱动发展战略，找准经济发展的新着力点和实施路径发展新技术、新产业、新业态、新模式，实现产业智慧化、智慧产业化、跨界融合化、品牌高端化。

4. 加快金融改革。山东为加快金融改革，更好地发挥金融对经济结构调整和转型升级的支持作用，在五大方面施力突破。一是支持和推动金融市场创新发展，主要包括稳步推进多种形式的社会融资、发展股权交易市场、建立各类要素交易平台、发挥期货市场功能和拓宽保险服务领域。二是发展和规范各类地方金融组织，主要包括发展民营金融机构、深化地方金融机构改革、发展金融中介服务和引导民间融资健康发展。三是做好经济结构调整和转型升级的金融服务，主要包括深入推进县域金融创新发展试点工作、加强高新技术产业开发区的金融服务、不断提升对重点行业和地区的金融服务能力和建设济南区域金融中心和青岛财富管理中心。四是加快金融业对外开放，主要包括引进金融投资类机构、加强跨区域金融合作和做好对"走出去"企业的金融服务；五是营造金融业发展的良好环境，主要包括加强对金融工作的组织领导、加强对金融业的人才智力支持、加强社会信用体系建设、完善金融业发展激励机制、完善金融风险防控工作体系和建立健全地方金融监管体制。[1]

（二）基础创新能力

2016年山东省创新综合能力国内排名为第六位，与上年持平。知识获取能力排名较上年下降1位，主要是与异国、异省作者合作的科研论文数量以及高校和科研院所研发经费内部支出额中来自企业资金增长率的排名下降所致。企业创新能力排名同样出现下滑，主要是由于规模以上工业企业研发支出和技改支出增长缓慢引起。科技企业孵化器数量及其增长率、科技服务从业人数、按目的地和货源地划分进出口总额等市场环境指标排名的上升显示出创新环境逐步优化。

2016年，山东出台《关于支持民营经济科技创新的有关意见》，拟定了助推民营经济科技创新的18项具体措施。此外，山东省将持续深化科技体制改革，加快科研中试基地建设，促进科技成果转化；完善科技创新服务，支持创新平台和科研设施

---

[1] 《山东省人民政府关于加快全省金融改革发展的若干意见》，鲁政发〔2013〕17号。

与仪器面向社会提供服务；加快推进黄三角农业高新技术产业示范区建设，支持部分市建设创新城区，开展科技综合实验改革；进一步加大基础研究投入，继续完善省自然科学基金运行模式；全面推进大众创业，构建专业化的创新创业孵化体系。

山东省整体创新能力较强，但在科研论文数量、合作研发等方面表现欠佳，且发展中所负担的环境成本依然较高，需要在未来的发展中注重提升创新绩效，完善科技成果转移和转化体系，打造科研平台，推动科学技术市场化，创新与产业对接，全面提高科技创新的国际合作水平。

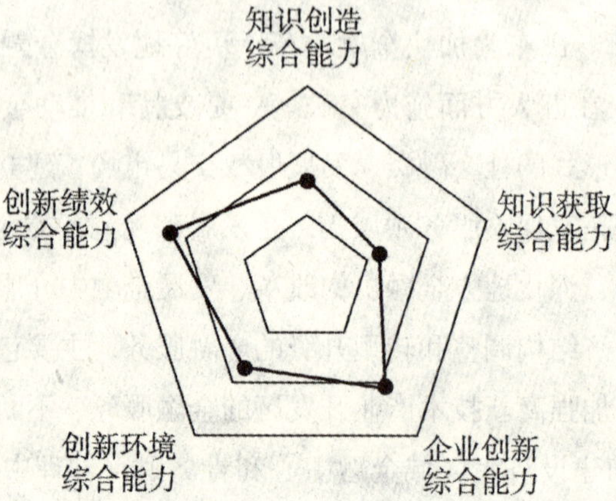

图 4-4　2016 年山东省创新能力

图表来源：《中国区域创新能力评价报告 2016》，科学技术文献出版社，2016.11。

表 4-1　2016 年山东省知识创造能力

研究与实验发展全时人员当量	286352人/年
每万人平均研究与试验发展全时人员当量	29.25人/万人·年
研究与实验发展全时人员当量增长率	9.22%
政府研发投入	101.38亿元
政府研发投入增长率	17.34%
发明专利申请受理数（不含企业）	59999件
发明专利授权数	10538件
发明专利授权数增长率	34.84%
国内论文数	23360篇
国内论文数量增长率	2.07%
国际论文数	17617篇
国际论文数量增长率	12.07%

图表来源：《中国区域创新能力评价报告 2016》，科学技术文献出版社，2016.11。

表 4-2　2016 年山东省知识获取能力

作者同省异单位科技论文数	5394篇
同省异单位科技论文数增长率	1.90%
作者异省合作科技论文数	3151篇
作者异国合作科技论文数	149篇
高校和科研院所研发经费内部支出额中来自企业资金	121981.3万元
高校和科研院所研发经费内部支出额中来自企业资金的比例	15.46%
规模以上工业企业国内技术成交额	208183.1万元
规模以上工业企业国内技术成交额增长率	5.08%
规模以上工业企业国外技术引进金额	217027.3万元
外商投资企业年底注册资金中外资部分	870.71亿美元

图表来源：《中国区域创新能力评价报告 2016》，科学技术文献出版社，2016.11。

表 4-3　2016 年山东省企业创新能力

规模以上工业企业研发人员数	34.23万人
规模以上工业企业研发人员增长率	12.21%
规模以上工业企业研发活动经费内部支出总额	1175.55亿元
规模以上工业企业研发活动经费内部支出总额的比例	20.25%
规模以上工业企业有研发机构的企业数	3010个
规模以上工业企业发明专利申请数	17299件
规模以上工业企业有效发明专利数	26122件
规模以上工业企业研发经费外部支出	59.92亿元
规模以上工业企业技术改造经费支出	3153030万元
有电子商务交易活动的企业数	4570个
规模以上工业企业新产品销售收入	14555.82亿元

图表来源：《中国区域创新能力评价报告 2016》，科学技术文献出版社，2016.11。

表 4-4　2016 年山东省创新环境

互联网上网人数	4634万人
互联网普及率	47.6%
科技企业孵化器数量	101个
平均每个科技企业孵化器创业导师人数	9.20人/个
科技企业孵化器增长率	46.38%
按目的地和货源地划分进出口总额	3284.10亿元

续表

科技服务业从业人员数	18.42万人
居民消费水平	19184元
教育经费支出	1779.62亿元
教育经费支出占GDP的比例	2.99%
规模以上工业企业研发经费内部支出额中获得金融机构贷款额	103816.8万元
科技企业孵化器当年获风险投资额	74192.5万元
科技企业孵化器孵化基金总额	123176.5万元
高技术企业数	2114家
科技企业孵化器当年毕业企业数	783家

图表来源：《中国区域创新能力评价报告 2016》，科学技术文献出版社，2016.11。

表 4-5　2016 年山东省创新绩效

第三产业增加值	25840.12亿元
第三产业增加值占GDP的比例	43.48%
第三产业增加值增长率	16.68%
高技术产业主营业务收入	10212.09亿元
高技术产业主营业务收入占GDP的比重	16.77%
高技术产业主营业务收入增长率	18.33%
高技术产品出口额	20590.47百万美元
高技术产品出口额占地区出口总额比重	14.23%
高技术产品出口额增长率	18.38%
高技术产业就业人数	726301人

图表来源：《中国区域创新能力评价报告 2016》，科学技术文献出版社，2016.11。

（三）科技成果转移转化

1. 公共支撑

山东省不断强化创新孵化平台建设，加强重大科技创新平台建设，加快知识产权综合服务平台建设，加速山东省技术市场发展，全面助力科技成果转移转化。

强化政策的支持和引导作用，加快推进技术转移、科技成果转化产业化。山东省财政厅、科技厅根据山东省政府《推动资本市场发展和重点产业转型升级财政政策措施》中的规定，结合山东省实际情况，颁布《山东省支持培育科技成果转移转化服务机构补助资金管理暂行办法》，旨在培育和壮大省内从事科技咨询、技术评估、技术转移和成果转化等专业化服务活动的独立法人机构或高校、科研院所内设机构，并鼓励和支持高校、科研院所与科技类社团组织、社会化专业技术转移服务机构合作，发挥学科、人才、信息等优势，建立转移转化服务机构联盟，开展科技成果转移转化活动。[1]

加强创新孵化平台建设，为创新创业提供有力支撑。围绕重点领域，推进科技园区、科研院所、高校、龙头骨干企业以及其他社会组织建设配套支撑全程化、创新服务个性化、创业辅导专业化的科技企业孵化器、众创空间等，培育形成一批服务功能完善、服务模式创新的专业化创新创业服务载体，促进人才、技术、资本、服务等各类创新创业要素的高效配置和有效集成，打造有利于科研人员创业的生态环境。目前，山东省已有148家省级以上科技企业孵化器和备案众创空间293家，其中国家级科技企业孵化器75家、国家备案众创空间162家和国家专业化众创空间3家，均居全国前列。这些创新创业孵化载体，为17680家创业企业和团队提供办公场地、创业辅导、研发平台在内的全方面服务，已培育毕业企业5300多家。[2]

加强重大科技创新平台的建设，强化科技研发布局。一是加强技术创新中心建设。强化项目、平台、人才一体化部署，围绕重大科技创新任务实施，在争取国家首家技术创新中心——国家高速列车技术创新中心的基础上，启动省级技术创新中心布局建设工作，着力打造组织运行开放、创新资源集聚、治理结构多元的综合性技术创新平台，引领产业创新发展，为培育国家技术创新中心打好基础。首批布局建设了碳纤维、智能农机、生态纺织、盐碱地综合治理等4个技术创新中心，将在中心管理体制和运行模式等方面探索和积累经验。二是加强工程技术研究中心建设。完善省级工程技术研究中心和示范工程技术研究中心管理体制，建立绩效考核和动态管理机制，新建示范工程技术研究中心34家、工程技术研究中心51家。山东省省级工程技术研究中心达到1187家，其中示范工程技术研究中心达到300家，国家工程技术研究中心36家，中心建设布局更加科学完善。三是加强重点实验室建设。完善评估体系，强化绩效考核，推动实验室联盟建设，最大限度提高重点实验室技术供给能力。目前，共建有省级以上重点实验室264家，其中国家重点实验室20家。[3]

加快知识产权综合服务平台建设，助力山东省科技创新。一是强化“一站式”

[1] 山东省财政厅山东省科学技术厅关于印发《山东省支持培育科技成果转移转化服务机构补助资金管理暂行办法》的通知，鲁财教〔2016〕44号。

[2] 山东加快推进双创公共服务平台建设．科技部网站，http://www.most.gov.cn/dfkj/sd/zxdt/201703/t20170320_132072.htm，2017-03-21。

[3] 山东加快推进双创公共服务平台建设．科技部网站，http://www.most.gov.cn/dfkj/sd/zxdt/201703/t20170320_132072.htm，2017-03-21。

知识产权综合服务平台建设。省科技厅、省知识产权局、济南高新区管委会三方签订共建协议，打造为企业提供专利申请、专利保护、专利运用、专利转移转化等一站式综合服务的平台，并逐步构建以其为总枢纽，覆盖山东省的知识产权服务网络。二是建立国家知识产权局专利审查员实践基地。在浪潮集团和青岛四方机车等重点企业建设专利绿色通道，最大限度缩短专利申请及授权的时间，及时了解企业专利保护需求，为企业提供方便。三是设立国家知识产权局专利局青岛分理处，成为全国三家分理处之一。配合青岛海洋科技创新中心建设，为日益增长的涉海专利提供快捷受理通道。四是构建企业“双创”知识产权维权援助保护网络。制定出台《关于进一步加强知识产权维权援助工作的实施意见》，建成覆盖山东省 17 市的知识产权举报投诉与维权援助一体化服务网络，有效促进了知识产权保护工作的开展。2016 年，维权援助山东中心接听知识产权投诉举报及维权援助咨询电话 500 余次，办理知识产权举报投诉案件近 30 件。支持 4 家企业成功开展涉外维权。[1]

加快山东省技术市场发展，推进科技成果转移转化。搭建了山东省科技成果转化服务平台，免除小微企业上线宣传费、管理费等相关费用，对通过平台转化的技术成果，省科技厅计划给予优先支持，对形成新的自主知识产权并通过平台实现技术转让的，由省知识产权专项资金择优资助。目前共拥有科技型小微企业等会员 2197 家，科技专家和技术经纪人 6797 人，发布技术供给和需求信息 6077 项。2016 年登记技术合同交易额 419.7 亿元，较去年增长 24%。获得中国技术市场金桥奖的奖项 62 项，数量居全国第一位。逐渐形成了“互联网 +”下的技术交易模式。技术市场和技术转移机构的建设也逐步推进，2015 年以来，搭建了齐鲁技术产权交易市场、山东省果蔬品种产权交易中心等区域性和专业性交易平台；下一步，山东省还将继续推进和加快山东省科技成果转化服务平台的建设，促进全省科技技术市场的繁荣发展。[2]

2. 企业承载

近年来，山东省围绕贯彻落实新修订的《国家促进科技成果转化法》，加强统筹谋划，科学施策，全面推进科技成果向现实生产力转化，企业科技成果转化主体作用明显增强，全省科技成果转化工作取得显著成效。

引导企业拓宽科技成果转化融资渠道。设立了省科技成果转化引导基金、省级

[1] 山东加快推进双创公共服务平台建设 . 科技部网站，http://www.most.gov.cn/dfkj/sd/zxdt/201703/t20170320_132072.htm，2017-03-21。

[2] 山东加快推进双创公共服务平台建设 . 科技部网站，http://www.most.gov.cn/dfkj/sd/zxdt/201703/t20170320_132072.htm，2017-03-21。

天使投资引导基金、知识产权质押融资风险补偿基金、科技成果转化贷款风险补偿资金、省级政府引导基金科技投资风险资金等，综合运用设立创业投资子基金、银行贷款风险补偿等手段，以及鼓励地方采用后补助、贷款贴息、发放科技创新券等方式，对以企业为主体的市场导向类技术创新和科技成果转化活动给予支持。[1]2016 年“创新券”使用量达 15773 次，补助资金 4720 万元。

推进企业与高校院所全方位、多层次产学研合作。积极创新企业与高校院所产学研合作模式，通过联合开展关键共性技术攻关、共同组建创新平台及新型研发机构、产业技术创新战略联盟等方式，加强企业与高校院所产学研协同创新及成果转移转化。以技术转化为重点全面深化与中科院合作，山东省与中科院共建了 124 个科技创新平台，推动 1500 多项科技成果在山东省转化实施。推动与中科院共同实施中科院科技服务网络 (STS) 计划，联合开展现代农业领域关键技术攻关。山东省共布局建设省级院士工作站 367 个，吸引 359 位院士及其团队与省内企业开展产学研合作，取得显著经济与社会效益。山东省科技厅、济南市政府和山东大学三方共同成立山东工业技术研究院，推动高校、企业、科研机构等“产学研”结合和成果转移转化，为济南以及全省实体经济发展和工业转型升级提供支撑。

以企业为主导，汇集全球资源推动科技成果转化。积极拓展全球科技合作交流渠道，建设科技合作与交流服务平台，通过“项目—人才—基地”的一体化建设，有效推进了高质量成果的转化和落地。

（四）创新型人才队伍建设

为打造创新型人才高地，坚持以人为本，贯彻推进创新驱动发展战略，汇聚智力资源，完善智慧支撑，山东省加快机制体制改革，研究制定创新型人才政策，致力于人才的管理、培养、评价、流转、引进、扶持全方位优化，为创新型人才提供优质发展空间和精良创新配套条件，为山东提升自主创新能力提供了保障。

在创新型人才管理方面，山东省将简政放权、适才致用作为抓手，使得单位自主选才、自主用才、自主评才方面破除藩篱。支持大学和科研院所自主招聘，简化流程，针对特殊人才可以采用特殊招聘方式；调整岗位结构，在合理范围内增加高级岗位比例，自主指定岗位设置方案，高层次人才经审核认定可凭服务绿卡聘用；下放高校教师职称评审权，允许大学施行竞争上岗、择优上岗的自主评价机制。健全市场化、社会化的人才管理服务体系，加快建立统一、规范的人才市场体系，完善人才供

[1] 全国人民代表大会常务委员会执法检查组关于检查《中华人民共和国促进科技成果转化法》实施情况的报告．中华人民共和国全国人民代表大会常务委员会公报，2016-11-02。

求、价格和竞争机制，推动政府人才公共服务与经营性服务分离，整合公共就业和人才服务体系，强化公益服务保障。山东省大力实施人才强省战略，落实“一个定位、三个提升”的总体要求，配齐配强工作力量，加强工作指导和督促检查，不断更新解决人才发展体制机制中遇到的新情况新问题，最大限度激发人才创新创造创业活力。

在创新型人才培养方面，山东省紧抓经济结构的转型要求和产业业态的调整需要，力求通过创新人才培养模式，提高人才的培养质量和应用能力，更好地引领科学技术创新发展，服务社会经济进步。通过健全产学研协同育人机制，实行符合人才创新规律的经费管理办法，大力推动企业人才资源开发，创新技术技能人才培养模式，拓宽青年创新人才成长通道等一系列具体措施，培养选拔了一批突破关键技术、引领学科发展，带动产业转型的领军人才。2016 年新增“泰山学者攀登计划”专家 10 人，科技创业类和产业技能类，泰山产业领军人才 34 人、社会建设领域智库高端人才 20 人，国务院政府特殊津贴专家 126 人。加快培养青年创新人才，新增 100 家博士后创新实践基地，目前全省累计招收博士后 6900 多人，在站 3400 多人。加大技能人才培养力度，探索技能人才培养新模式，着力打造技艺精湛的齐鲁工匠，新增高技能人才 25.9 万人、齐鲁首席技师 149 人。[1]

人才评价方面，一是逐步建立针对不同职能人才的差异化考评体系，不再按学历、学术发表等因素“一刀切”。根据不同职能，将人才划分为学术研究人才、技术开发人才、成果转化人才、社科研究人才等不同门类，评价时按照各自职能领域的特点进行具有针对性的考核，比如学术研究人才注重考查学术评价和社会影响，成果转化人才注重经济绩效和社会效益。二是推进职称和职业资格的体制机制改革，改革完善职称评审方式，建立社会和业内认可的职称评审机制，规范职业资格准入和评价管理，推进职业资格与职称制度有效衔接。探索建立国际职业资格单边认证制度。

人才流转方面，打破户籍、地域、身份、学历、人事关系、年龄等制约，促进人才在不同性质单位、不同地域有序自由流动，探索建立党政机关、企事业单位、社会各方面人才流动渠道。对高等院校和科研院所进行体制机制改良，人员聘用方面增加自主选择权，新增高校教职员工和科研院所研究人员企业轮岗试点，加快技术创新市场化，同时企业优秀管理人员和企业杰出科技人才可到高校或科研院所从事兼职工作。加快人事档案管理服务信息化建设，建立覆盖全省、互联互通的业务经办系统和信息共享系统，及时为高等学校毕业生、创业人才等提供人事代理、社会保险代理服

[1] 山东推进人才工作“五个创新”_齐鲁原创_山东新闻_新闻.http://news.iqilu.com。

务。畅通现有国有企业经营管理人才与职业经理人才身份转换通道。[1]

人才引进方面，山东省出台《引进顶尖人才“一事一议”实施办法》，加速打造精准灵活的选才引才体系，进一步强化山东对人才的吸引能力和保障力度。颁布了《山东省鼓励社会力量引进高层次人才奖励实施办法》，充分发动大众力量助力人才引进工作，整合引才资源，拓宽引才渠道。印发实施《关于进一步完善提升泰山学者工程的意见》和《关于实施泰山产业领军人才工程的意见》，更好地发挥人才在引领创新驱动和产业转型中的重要作用，目前全省泰山学者总数超过 800 名，第一批泰山产业领军人才共 175 名，为山东经济社会发展做出了突出贡献。制定推进《山东省西部经济隆起带基层科技人才支持计划》，推动西部经济隆起带地区基层科技人才创新创业。深入实施科技部创新人才推进计划，近年来中青年科技创新领军人才、科技创新创业人才、重点领域创新团队、创新人才示范基地累计入选人数达到 88 人（项），其中创业人才 51 人，居全国前列。[2]

人才扶持方面，为加强自主创新能力，积极配合《山东省科技人才推进计划实施方案》的实施，2016 年山东省颁布《山东省自然科学基金改革意见》，充分发挥山东省自然科学基金对支持科技创新，强化人才队伍构建等方面的支持，同年的人才资助数量和资助力度较 2013 年增长一倍，更多从事基础研究的年轻科研人员得到了资金扶持。针对创新人才指定良好配套保障体系，囊括户籍、住房、配偶随迁、子女入学、职称评聘、编制管理、薪酬等诸多方面，极大增强创新人才的能动性和积极性。

随着各项政策措施的创新引领和贯彻推进，创新型人才队伍建设成效明显，2016 年创新人才 25.9 万人。两院院士、千人计划专家、国家百千万人才工程人选、国务院政府特殊津贴专家、省有突出贡献的中青年专家、齐鲁首席技师、高技能人才分别达到 37 名、174 名、162 名、3136 名、1297 名、1209 名、268.7 万人。新增博士后创新实践基地 100 个，省级技师工作站 20 个，国家级引智成果示范推广基地 1 家、省级基地 17 家。[3]

---

[1] 关于深化人才发展体制机制改革的实施意见，中共山东省委鲁发〔2016〕22 号。

[2] 山东省不断强化对科技创新人才的支持．科技部网站，http://www.most.gov.cn/dfkj/sd/zxdt/201611/t20161124_129162.htm,2016-11-25。

[3] 2016 年山东国民经济和社会发展统计数据公布 GDP 增长 7.6%. 齐鲁网，http://news.iqilu.com/shandong/yuanchuang/2017/0228/3416679.shtml，2017-02-28。

二、山东省创新驱动发展存在的问题

党的十八届三中全会以来，我省紧抓战略调整、结构布局的机遇期，积极适应新常态，谋划新思路，破解新瓶颈，促进新发展，进入了创新驱动、转型发展的轨道。但在以创新驱动为主轴的发展过程中，仍然存在着一些亟待解决的问题，制约着我省经济社会的良性发展。

（一）区域创新体系有待进一步完善

我省创新驱动发展和创新型城市建设，虽然强调创新型、内生性发展战略思路，但在实践中仍普遍偏好基于空间发展、规模扩张、投资驱动的传统做法。由于体制性矛盾导致的条块分割、部门掣肘、力量分散和政策冲突等，使城市创新能力、创新资源等受制于不同部门，影响了创新政策协同、创新资源共享和管理体制机制创新。同时，“产学研资介”集成能力相对薄弱，创新布局不尽合理，产业制高点主要集中在市区、园区和少数大型企业，创新效应和集群效应未充分实现。2015年，山东R&D经费占GDP比重为2.27%，低于北京、上海、广东、江苏、浙江等省市，在全国区域创新能力综合排名中居第六位，未能进入前五位。上述种种因素交织，导致区域创新体系远未完善，削弱了创新协同效应，区域创新能力并没有发生质的提升。

（二）高新区迫切需要实现转型发展

我省高新技术开发区已有数十个，其中国家级高新区12个。2016年4月，国务院又批复以济南、青岛、淄博、潍坊、烟台、威海6个国家高新区为核心的山东半岛自主创新示范区。这些高新区在我省经济发展过程中曾经起到较好的辐射带动作用，但其过去的成功在很大程度上依赖于初创发展阶段积累的低成本生产要素和各类特殊政策红利。随着生产要素成本增加和部分优惠政策弱化或终结，高新区创新能力总体偏低的弊端日益显现。与国内先进高新区，如北京中关村国家自主创新示范区、上海张江国家自主创新示范区等相比，我省高新区在创新引领和转型发展方面都相对落后。一是高新区数量众多，但“有山无峰”“山多峰少”，缺乏体现山东省综合实力的标杆和带动区域协同创新发展的引擎。全国145家国家级高新区中，山东有12家，数量位居第二，仅次于江苏的15家。但据科技部火炬高技术产业开发中心发布的2015年度国家高新区排名，山东没有一家进入全国前20名，排名最高的潍坊高新区仅列第23位。二是在高新区基础上建立的创新城区，城区规划建设模式过于单一，往往形成单一产业孤岛的空间特征，除产业功能外，其他城市型功能仍发育不完全，其服务配套高度依赖于母城，从而造成了普遍的“产城分割、职住分离”问题，并由此带来夜间“空城”、交通拥堵等令人头疼的现象。

根据国内外创新城区的发展经验，当高新区达到一定规模时，如果缺乏与之相配套的城市化功能，将影响到区域创新能力的持续与放大。国内实践已表明，那些及时主动选择转型成为创新城区的开发区，都呈现出较好的持续发展态势；而那些始终停留在单纯的工业园区层面、不能及时更新转型的开发区则大多遭遇到发展困境，落入增长乏力的境地。

（三）老旧城区亟须改造提升

我省在老城区改造方面取得了一定成效，但普遍存在开发模式单一化、开发强度较高、不尊重城市文脉的问题，改造过程中往往会破坏旧城原貌，导致千城一面，同时过于注重房地产和商业设施开发，忽视民生，最终难以达到城区功能再造、发展新兴业态、改善居民生活的目的，对标国内先进城区，如上海杨浦区等仍有较大差距。

（四）高校聚集区的创新引领作用远未充分发挥

我省各地大学城目前已基本建成“大学功能区”和“教育教学基地”，有些城市投巨资建大学城，根本目的是利用高校的“聚合效应”，推动科技成果转化，转型发展、科技报国。但目前我省大学面临的一个不容忽视的问题是科技成果转化率很低。根据软科 2017 年中国最好大学排名，企业科研经费排名前 200 名的大学，山东省共有 11 所，是排名第 1 的江苏的一半，居全国第 6 位，低于大学数量占全国第 3 的排名；11 所大学企业科研经费总额约为 13.08 亿元，占前 200 名大学的企业科研经费总额的 3.9%，位于第 9 位，不到北京市的四分之一。省内单所大学企业科研经费最高的是中国石油大学（华东），排第 18 位，总额约 4.35 亿元，仅为排名第 1 位哈尔滨工业大学的四分之一多，11 所大学的总额还不如哈尔滨工业大学 1 所大学高。这说明省内大学城远未发挥创新引领作用，带动高校成果转化和服务社会。另一方面，由于远离中心城区，创业基础设施、科技服务资源以及交通、居住、生活等基本的创新创业条件欠缺，在大学城周边，创业企业和产业较少，鲜有高科技企业能提供工作岗位，因而聚集的高科技人才有限。

表 4-6　全国和山东高校科技服务排名

单位：千元

全国前10名	学校名称	省市	企业科研经费	山东前10名	学校名称	企业科研经费
1	哈尔滨工业大学	黑龙江	1666191	1	中国石油大学（华东）	435130
2	清华大学	北京	1263428	2	山东大学	287692
3	北京航空航天大学	北京	1184932	3	青岛理工大学	142800
4	西北工业大学	陕西	1155303	4	中国海洋大学	115402
5	浙江大学	浙江	1107921	5	青岛科技大学	63546
6	四川大学	四川	973753	6	山东科技大学	53150
7	上海交通大学	上海	796668	7	山东理工大学	48680
8	北京理工大学	北京	568301	8	青岛农业大学	47158
9	东南大学	江苏	566012	9	济南大学	46285
10	南京航空航天大学	江苏	529794	10	山东农业大学	41104
全国高校前10名合计			9812303	山东高校前10名合计		1280947

数据来源：软科 2017 年中国最好大学排名。

表 4-7　全国和山东高校成果转化排名

单位：千元

全国前10名	学校名称	省市	成果转化收入	山东前10名	学校名称	成果转化收入
1	清华大学	北京	6135242	1	山东大学	38830
2	合肥工业大学	安徽	146972	2	山东农业大学	14528
3	东南大学	江苏	133261	3	泰山学院	3680
4	福州大学	福建	99620	4	山东理工大学	2100
5	上海交通大学	上海	94339	5	济南大学	1800
6	南京理工大学	江苏	76200	6	聊城大学	1730
7	长沙理工大学	湖南	56290	7	山东中医药大学	1537
8	扬州大学	江苏	51049	8	青岛科技大学	1120
9	西安工业大学	陕西	48164	9	山东师范大学	825
10	安徽农业大学	安徽	48000	10	烟台大学	615
全国高校前10名合计			6889137	山东高校前10名合计		66765

数据来源：软科 2017 年中国最好大学排名。

就国际国内先进经验，具有创新活力的大学及科研机构是创新城区内高新技术产业的发展源泉，也是吸收其他地区高技术企业来本地投资的强力磁石。但结合我省实际来看，高等院校在我省创新发展中起到的辐射带动作用有限，大学科研机构与产业界还远未形成产学研互动的关系，延续多年的“划块地、建座城、引高校、扩招生”的大学城发展之路已难以为继。

第四节　山东创新城区建设的重大意义

创新城区是当前区域创新发展实践的新热点、新趋势，注重由“城市的创新园区”到“创新园型的城区”的转变，这不仅是城市建设思维方式的转换，也是创新型城市建设的一次“范式变革”。[1] 当前，大力发展创新城区对山东省加快实施创新驱动发展战略，促进产业结构转型升级，加强新型城市化建设具有重要的现实意义。

创新城区建设的重要性

创新城区是山东省深入实施创新驱动发展战略，建设创新型省份、创新型城市的落脚点和重要空间载体。

（一）建设创新城区有利于加快经济文化强省战略

党的十八大以来，习近平总书记亲临山东视察并发表重要讲话，要求山东在全面建成小康社会进程中走在前列。为此，山东必须迅速增强综合经济实力，调整经济结构，促进产业发展。之前的粗放型经济发展模式不再适用，资源要素驱动带来的经济效益跟不上新时代的要求。所以，经济发展的模式必须转型为创新驱动发展，为山东经济社会健康快速发展提供创新动能，为全面建成小康社会贡献山东力量。

（二）建设创新城区有利于山东加快新旧动能转换，促进经济转型升级提质增效。

新旧动能转换战略要求山东发展新技术、新产业、新业态、新模式，实现产业智慧化、智慧产业化、跨界融合化、品牌高端化，培育壮大新动能，改造提升传统

[1] 吴浪，任晏黎．从“科技园区”到“创新城区”转型 [J]. 科技创新与品牌，2010（6）。

动能。创新城区作为以创新驱动发展的空间载体，汇聚领先的支柱机构、企业集群、企业孵化器和加速器，以知识创造、研发转化、创新成果应用为核心，完全贴合新旧动能转换的发展要求，是加快山东省新旧动能转换的重要抓手。

（三）有利于加快“两型社会”（资源节约型、环境友好型）建设

经济发展方式从要素驱动向创新驱动转变，有利于大力提高资源利用率，促进资源节约和优化配置，缓解经济较快发展与资源环境约束压力加大之间的矛盾，促进外延粗放利用资源向内涵集约利用资源转变，加快“两型社会”建设。而提高资源利用效率的关键在于变要素驱动为创新驱动，降低单位 GDP 资源能源消耗，减少污染物和温室气体排放，使经济发展摆脱过度依赖资源消耗和污染的现状，缓解国内的生态环境压力，实现经济的高质量增长。

（四）有利于山东加快实施创新驱动发展战略，进一步推动创新型省份建设

加快经济社会发展由资源驱动、投资驱动向创新驱动转变是在山东省发展新常态下的应有之义。创新城区作为区域创新发展实践的新理念、新趋势，注重在特定区域内高效集聚创新型企业、创新型人才、科研院所、融资机构、创业企业、企业孵化器加速器等，形成一个较为完善的区域创新体系，从而更好地促进区域协同创新，促进各类创新资源的集聚产生协同效应。创新城区内的企业、企业家、员工、研发人员和投资者能够围绕商业化的创新创意进行协作，共同研究与创造针对市场的新发现，促进了多行业、产业之间的创新联系，从而能够促进区域自主创新能力提升和创新驱动战略的实施。当前，山东正处于创新型省份建设的关键时期，创新型城市建设稳步推进，创新城区作为创新型城市的核心组成部分，也是创新型省份建设的重要单元，对于提升山东省自主创新能力，促使创新驱动发展走在全国前列具有重要意义。

（五）有利于山东加强供给侧改革，促进产业结构优化升级

从世界典型创新城区发展经验来看，创新城区主要是基于对城市中心衰败区域的更新改造，或者是依托高科技园区进行统筹规划。前者产业形态主要以创新性产业、展览服务业、品牌定制、研究咨询行业等为主，后者则主要以具有高附加值的高新技术产业为主，因此创新城区的建设有助于对传统夕阳产业进行更新换代、改造升级，有助于发展现代服务业、创新创业产业和具有高附加值的高新技术产业，从而促进当地产业由低端向高端转型提升。目前，国家围绕经济产业发展提出了供给侧结构性改革，强调抓好去产能、去库存、去杠杆、降成本、补短板五大任务，这对山东省产业结构优化升级提出了新要求。山东省是一个传统农业大省，轻工、纺织、机械、

化工、冶金、建材等传统产业比重偏高，战略性新兴产业和现代服务业亟须进一步培育壮大，在这种情况下，大力发展创新城区将加快新兴产业集聚发展，实现“山东制造”向“山东创造”战略性转变，最终实现山东省产业结构优化升级。

（六）有利于加强城市内涵建设，探索形成城镇化建设新模式

创新城区强调城区的混合功能，追求创新与居住、生活、商业、休闲娱乐等功能的空间融合，不仅需要基础条件设施建设，更加需要创新文化等内涵建设。为了避免传统城市推倒重建或单纯修旧如旧的纯物理性更替等错误做法，亟须引入创新创意要素，为城市增添更多文化、技术内涵，为城市提供可持续发展的动力。目前，山东区域创新的建设仍然停留在传统的产业园区阶段，创新要素与城市经济、社会、文化发展相互隔离，阻碍了城市创新的进一步发展。因此，大力发展创新城区，有效提升山东区域创新资源集聚，推动创新战略与城市产业集群、城区文化的深度融合，促进山东省城市改造提升，从而进一步实现经济文化强省建设。

（七）有利于解决经济新常态下山东创新发展存在的问题

党的十八届三中全会以来，山东省紧抓战略调整、结构布局的机遇期，积极适应新常态，谋划新思路，破解新瓶颈，促进新发展，进入了创新驱动、转型发展的良性运行轨道。但是，一些城市或地区在以创新驱动为主轴的发展过程中，面临着一系列亟待解决的问题。比如，山东目前尚未建立统一的监测创新发展状态和趋势，反映发展特征和规律的，评估发展进程和成效的机制，无法从宏观战略层面对省内创新试点进行引导和评估；在产学研合作中存在知识产权归属和利益分配冲突的问题，知识是大学在产学研合作的主要投入，而厂房、设备等是企业方面的主要投入，在利益结合点模糊的情况下，技术和经济纠纷时常发生；在创投领域，存在山东项目到外省找资金，山东资金到外省找项目的现象，山东虽然并不缺乏资金，但是这些资金大多是社会资金或者国有资本，对收益率都有要求，缺乏高活力的风险融资等多方面问题。

（八）建设创新城区是山东高新区转型发展的必然选择，有利于推动产业、科技、人文与城市发展融合

与国家级的创新“中心区”相比，山东高新区在区域创新活力、产业竞争力、辐射带动力以及可持续发展能力等方面还有较大差距，存在着成本上升、优惠政策弱化、创新能力偏低、管理方式单一等问题，而以新型政产学研的三螺旋创新互动关系为主要特征的创新城区，将成为有效推动高新区转型发展的主导力量。

第五章　山东创新城区建设新探索

在创新型城市建设热潮中，山东省德州市生态科技城、济宁市任城区、潍坊市奎文区、济南市历下区通过深入贯彻实施创新驱动发展战略，主动适应和引领经济发展新常态，充分依托各自的区位优势、特色产业和资源禀赋，因地制宜、各具特色地规划建设创新城区，探索创新城区建设的模式和体制机制，促进了城区发展从“要素驱动”向“创新驱动”转变，取得了一定的成效，积累了一定的经验。

第一节　德州市生态科技城创新城区建设

一、德州市创新城区建设单位概况——生态科技城

（一）德州市生态科技城基本概况

德州位于山东省西北部，北面与京津相连，南面与济南为邻，东面连接山东半岛城市群，西面紧接山西能源基地，是京津冀一体化国家战略、黄河三角洲高效生态经济区国家战略、山东省西部经济隆起带等战略区域叠加地带，具有巨大的战略区位优势。德州生态科技城位于德州市区东部、国家级德州经济技术开发区内，以京沪高铁德州东站为中心，规划面积150平方千米，核心区面积26平方千米。德州市以生态科技城建设为核心载体，瞄准北京、天津的高校资源和产业承接，有效吸引和集聚科技创新资源。以“一核、两区、多园” 的空间布局，以高起点规划引领发展，发挥区位交通便利、配套基础设施逐步完善、产业集聚发展态势初显和良好生态环境的优势，探索创新城区建设的“城市化科技园区”模式。“一核”，即以京沪高铁德州

东站为核心的高端商务区，重点发展科技、商务、金融等产业；“两区”，即减河生态功能区和马颊岛生态度假区，重点发展教育、医疗、养老、居住、旅游、度假等产业；“多园”，即多个现代产业园区，重点发展新能源、新材料、装备制造、电子信息、生物医药、食品加工、现代物流等产业。[1]

（二）生态科技城建设创新城区的主要优势

1. 高起点规划引领发展。德州市生态科技城位于德州经济技术开发区，生态科技城以“生态、科技”两大主题为主线，融会贯通“创新、低碳、开放、人文、共生”五大理念，全力打造德州科技创新先行区、现代产业聚集区、生态建设示范区、对外开放引领区和科学发展增长极“四区一极”。生态科技新城以“生态、科技、中心城”产城融合为特点，将形成“两新一极”，即产业新高地、城市新中心、发展增长极。

2. 区位交通优势明显。以德州为中心，距离北京、天津、济南、石家庄等数十座大中城市不足300千米，人口密度大，总量已接近3亿，消费市场前景广阔。京沪高铁开通后，区位交通优势更加明显，在经济版图上，高铁将德州放到了更大的空间，促使资本、人才、技术、信息等生产要素向德州加速聚集。

3. 配套基础设施逐步完善。为实现科技城产城融合，必须以完善的基础设施作为基本保障，德州经济开发区近两年斥资200多亿元着力搭建基础设施平台，将大路网、大社区和大配套作为重点建设工程。目前，新区已全部实现“九通一平”，具备了净地待商的条件。

4. 产业集聚发展态势初显。众多产业、企业向科技城集聚，规模以上企业不断涌出，着力打造国家及省级科技平台。据估算，到2020年，主要产业产值均将突破500亿级，尤其在新能源领域，目前已建成了国家火炬计划新能源特色产业基地，光热综合利用、地源热泵等产业集群发展迅速，到2020年该领域产业产值将突破千亿级。科技城内主要产业内企业的基本情况如下表所示：

表5–1　德州生态科技城内主要产业内企业基本情况统计表

单位：家

企业类型	总数	规模以上	国家级科技平台	省级科技平台
新能源企业	58	32	1	18
装备制造企业	118	45	1	20

[1] 张恒．延伸服务触角建设一流园区[N].中国改革报，2016-12-30。

续表

企业类型	总数	规模以上	国家级科技平台	省级科技平台
电子信息企业	19	8	0	2
生物医药企业	22	10	0	5
食品加工企业	46	23	0	0
新材料企业	28	11	1	6

5. 全域综合开发，生态环境优势突出。生态科技城建设了国家级减河生态湿地、马颊河生态岛等精品生态景区，打造了大外环快速通道等特色道路绿化工程，绿化覆盖率达38.78%，人均公园绿地面积14.27平方米。坚持全域综合开发，不断延伸城市框架、拓展发展空间、完善城市功能、提升综合品质，打造金融、商贸、文体、教育、医疗、科技“六大中心”，为经济可持续发展提供坚实基础，为群众安居乐业开通便利渠道，为创新创业者创造宜居宜业的良好生态环境。

二、德州市生态科技城创建创新城区的“八大体系”

德州创新城区建设依靠德州市大力实施科技金融产业融合创新发展战略大背景，以构建政策保障、载体平台、资金支持、对接服务、科技合作、人才支撑、创新型产业集群、组织保障等“八大体系”为工作着力点，有效吸引和集聚科技创新资源，探索出一条创新城区建设的“科技新城模式”。

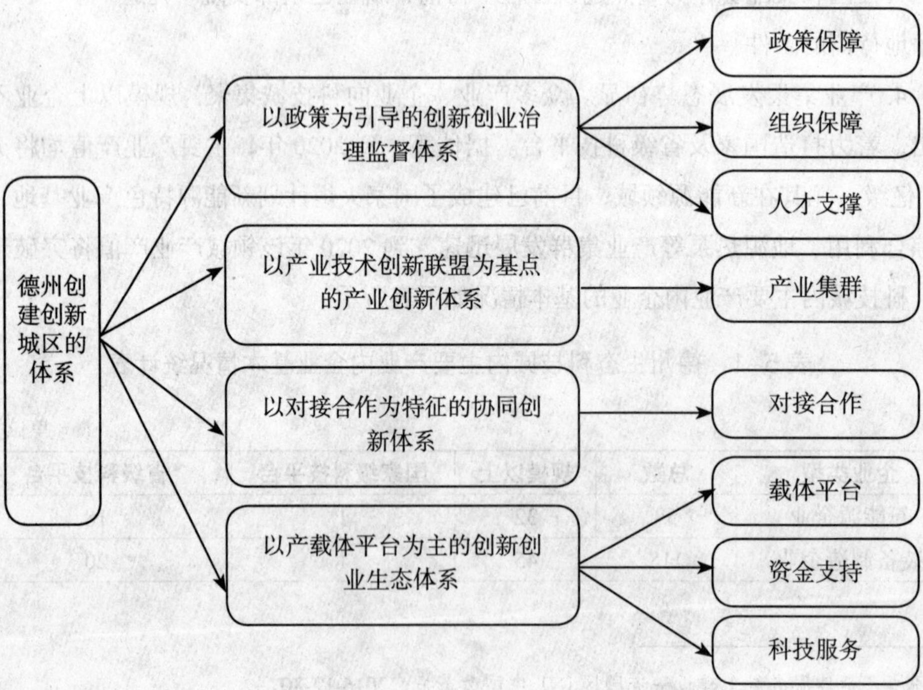

图5-1 德州市生态科技城创建创新城区的“八大体系”

（一）构建创新城区政策保障体系

1. 深化科技体制改革。筹备成立德州市科技创新委员会，主要负责领导、统筹、整合、协调全市科技创新工作。委员会下设办公室设在市科技局。

2. 制定出台系列综合配套政策。出台加快融入京津冀协同发展、抓大扶强加快工业转型发展等五项政策措施。目前，正在研究制定《关于深入实施创新驱动发展战略的意见》《京津科技成果转化基地若干政策》《山东省科技金融产业融合创新综合试验区若干政策》《山东省技术转移转化中心若干政策》《鲁北人才改革试验区若干政策》《德州市促进大众创新万众创业的实施意见》《京津科技成果转化基金管理办法》《德州市科技支行信贷风险补偿基金管理办法》等综合系列配套政策，着力优化创新城区建设和创新创业生态环境。

（二）构建创新城区载体平台体系

1. 建设山东省技术转移转化中心。以德州生态科技城为核心承载体，打造立足德州、面向京津、辐射全省的技术转移转化中心。目前，山东省技术转移转化中心已确定为部省共建并纳入全省“十三五”规划。

2. 推动德州高新区晋升国家高新区。德州高新区按照“一区多园”模式，推动德州生态科技城、齐鲁高新区纳入规划范围，争取享受山东半岛国家自主创新示范区相关政策。

3. 推进“德州创新谷”建设。以德州应用技术研究院为核心，规划10平方千米打造集研发、孵化、加速、实训、检验检测、科技金融等于一体的高端化公共创新创业载体平台。

4. 推进与中关村共建创新创业联盟。目前，中关村创业大街36氪、天合科技成果转化促进中心、车库咖啡、天使街等机构已在德州落地。

5. 推进科技企业孵化器和“众创空间”建设。2017年，全市新增孵化器面积22万平方米，各类孵化器面积近百万平方米，逐步形成政府主导，企业资本、社会资本多方参与建设的局面。与中关村天使街众筹平台合作建设的“创梦空间”已落地运营。

6. 重点推进与腾讯公司的战略合作。依托腾讯公司的数据基础、云计算能力及微信、QQ等社交平台产品，在“互联网+城市服务”“互联网+农业”“互联网+创新中心”等领域，努力打造成我省“互联网+”项目样板城市。

（三）构建创新城区资金支持体系

1. 设立创新创业基金。筹备设立2亿元“齐鲁创新基金”、2亿元“科技成果转化基金”、5亿元“京津科技成果转化基金”、5000万元“德州市科技支行信贷风险补偿基金”。其中，“齐鲁创新基金”和“京津科技成果转化基金”总额的70%投资于德州区域内的科技成果转化项目。同时，推动每个县市区设立一支规模1亿元以上的科技成果转化基金和创新创业基金。

2. 大力发展互联网金融。签约落地“天使街股权众筹德州分平台”，该平台为天使街在全省设立的第一家区域性平台。2015年上半年，全市众筹资金2300余万元。

3. 建立战略合作银行。共成立齐鲁银行、威海银行、农商银行、青岛银行、建设银行等5家科技支行。

4. 开展知识产权质押融资。吸引中介机构或社会资本在德州设立专业化的知识产权运营机构，为专利技术产业化提供评、保、贷、投、易一条龙服务。2015年上半年，共帮助企业获得知识产权质押融资8400余万元。

（四）构建创新城区对接合作体系

1. 大院大所对接。先后组织举办了“2014德州·京津大院大所对接会”“2015中科院院士专家德州行”“山东省装备制造技术创新对接会”“德州科技合作万里行”“科技服务进车间”等一系列重大科技合作活动。共梳理全市企业技术需求671项，对接科研院所、高等学校198家，转化科技成果266项，柔性引进科技人才149名，共建院所分支机构、企业创新平台、科技成果转化基地101个。

2. 重点推进与中科院、教育部的战略合作。“中科院山东综合技术转化中心德州中心”于2015年7月在德州落地。教育部科技发展中心确定德州市为“蓝火计划”试点城市，共建“中国高校技术转移中心德州中心”“高校联合创新研究院”“大学联合科技园”“大学联合创业园”，积极推进部省共建并纳入山东省“十三五”规划。

3. 深入推动军民科技融合。对接军工院校、军队科研机构和军工企业214家，向全市企业推介军民科技融合创新成果600余项。重点推进与国防科技大学、总后勤部、总装备部、中国航天科技集团、中国航天科工集团、中国航空工业集团的对接合作，推动军民融合协同创新研究院和军民科技融合创新基地落地。

（五）构建创新城区科技服务体系

1. 建设德州市科技成果转化服务中心，打造大院大所分支机构和科技服务机构的集聚区。2015年，共引进了北京市科学院、中国技术交易所、北方技术交易市场、天津滨海国际知识产权交易所、上海股权交易中心、深圳前海股权交易中心、天合科技成果转化促进中心、中科合创（北京）科技推广中心、上海汉之光华知识产权集团、政和科技股份有限公司、中国原子能科学研究院等22家科技服务机构入驻。

2. 建设齐鲁技术产权交易市场。齐鲁技术产权交易市场于7月23日正式揭牌运营，为企业、科研院所、高等学校等各类创新主体提供发布、展示、评估、对接、交易等全方位技术产权交易综合解决方案，打通科技成果转移转化的线上线下通道。“四库建设”推进顺利。目前，企业数据库已入库5100余家企业，科技成果库已入库1100余个项目。

3. 推进公共科技服务平台建设。现已建成山东西部经济隆起带专利技术展示交易中心、电梯产业检验检测中心、功能糖检验检测中心、棉纺织公共检验检测平台等一批公共研发、公共检验检测、公共科技服务平台。

（六）构建创新城区人才支撑体系

1. 推进“鲁北人才改革试验区”建设。大力推进政策引人才、平台聚人才、产业兴人才、环境留人才。在全市实施“科技人才 +”行动计划，即“科技人才 +”成果、“科技人才 +”平台、“科技人才 +”资金、“科技人才 +”团队，实现引成果、引平台、引团队、引资金、引机构与引人才并举并重。计划三年内建设人才公寓100万平方米，柔性引进科技人才1000名。

2. 建设人才实训基地。与青软实训合作，在德州建设京津青软实训基地，计划内培训规模达到1000人以上。

（七）构建创新城区产业集群体系

1. 组建产业技术创新联盟。深入实施“五个一工程”，通过“依托一所高等学校、引进一名行业创新领军人才、成立一支产业联盟基金、搭建一个产业公共研发平台、构建一个产业专利联盟”，组建20家产业技术创新联盟，打造具有较强竞争力的创新型产业体系。依托产业技术创新联盟，实现检验检测、企业孵化、技术攻关、研发平台、大型仪器设备等优势资源共享，促进产业转型升级。

2. 开展科技型企业培育，启动实施“三年千企升级行动计划”。依托国内一流专业评估机构，对全市企业进行创新能力评估，重点扶持一批科技型小微企业，进行一对一精准化培育，优先将其打造成国家高新技术企业。

（八）组织保障与监督考核体系

1. 加强组织保障。德州市成立推进创新城区建设领导小组，领导和统筹创新城区建设工作。成立由组织、发改、经信、科技、中小企业、财政等部门参与的推进创新城区建设领导小组办公室，具体负责落实城区建设有关事宜。建立各部门间推进创新城区协同创新机制，建立联席会议制度和问题协调解决机制，切实形成城区建设的合力。

2. 加强监督考核。推进创新城区建设领导小组办公室定期对基地建设进行督导监督，将城区建设纳入全市科学发展综合考评体系。

三、德州市生态科技城创新城区建设的成效

创新城区建设的探索为生态科技城所在的德城区创新发展带来了结构性增量。2014~2016 年，三次产业结构比例由 2.2:40.3:57.5 调整为 1.5:40.1:58.4，服务业增加值对 GDP 增长的贡献率由 57.5% 上升为 60.7%。

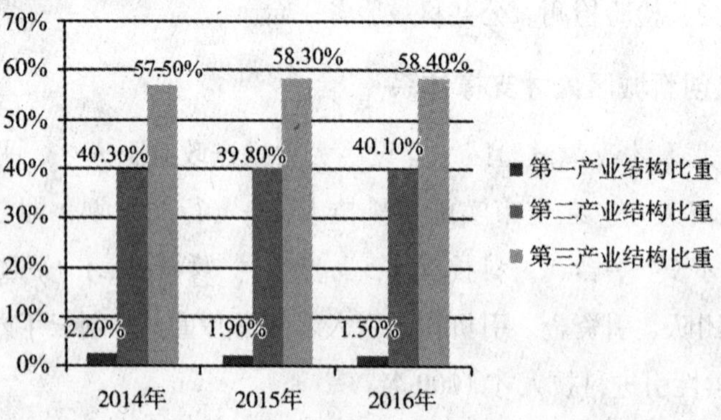

图 5-2　2014~2016 年德城区三次产业占比变化

注：依据 2014 – 2016 年德城区国民经济和社会发展统计公报数据绘制。

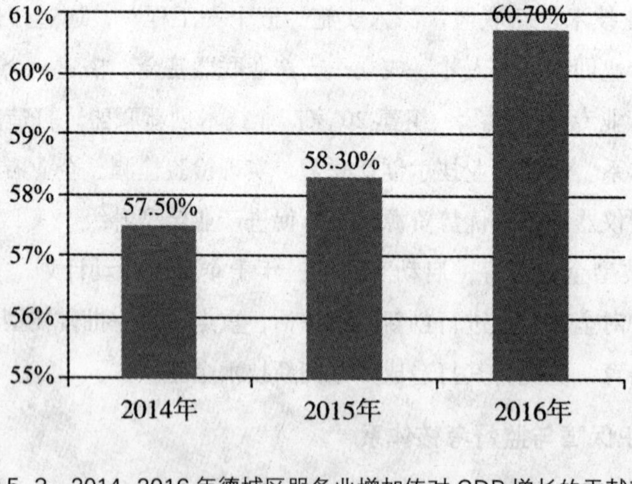

图 5-3　2014~2016 年德城区服务业增加值对 GDP 增长的贡献率

注：依据 2014~2016 年德城区国民经济和社会发展统计公报数据绘制。

规模以上高新技术产业产值占规模以上工业总产值的比重由 29.4% 上升到 31.6%；授权发明专利由 27 件上升到 2016 年的 70 件。

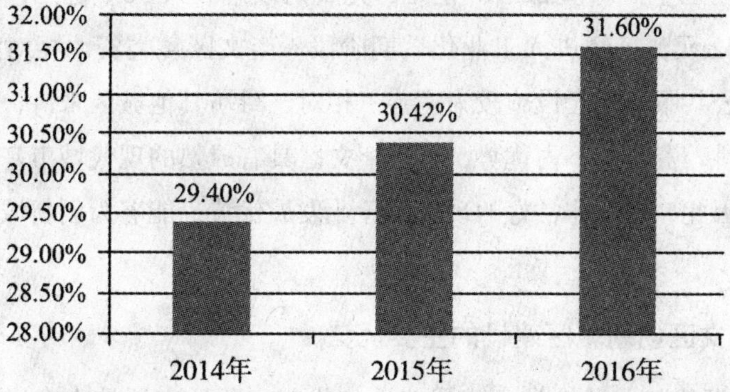

图 5-4　2014~2016 年德城区规模以上高新技术产业产值占规模以上工业总产值的比重

注：依据 2014~2016 年德城区国民经济和社会发展统计公报数据绘制。

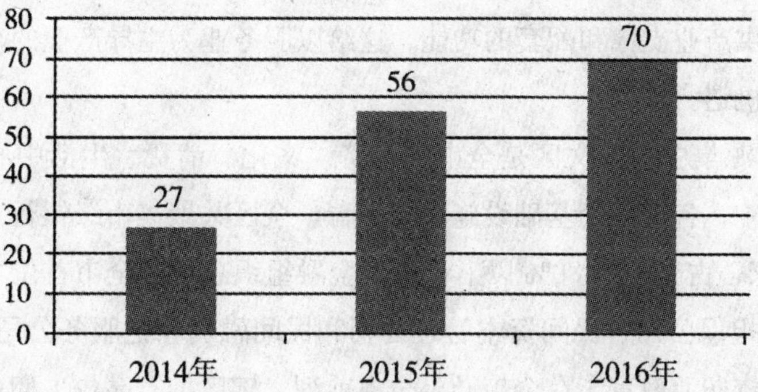

图 5-5　2014~2016 年德城区授权发明专利数量

注：依据 2014~2016 年德城区国民经济和社会发展统计公报数据绘制。

第二节　潍坊市奎文区创新城区建设模式

一、潍坊市创新城区建设单位概况——奎文区

（一）奎文区基本概况

奎文区位于潍坊市的核心区域，是全市的经济、文化、消费、生活中心，管辖面积 57.6 平方千米，人口 44.34 万人，是潍坊市的金融中心、商贸商务中心。2014

年，全区实现地区生产总值 225.48 亿元，完成财政总收入 36.0 亿元，中心城区人均 GDP 约为 10742 元，已经进入工业化后期阶段。奎文区各类资源相对集中，商业商贸服务和行政公共服务配套设施较为完善。相对于潍坊其他城区来讲，尽管奎文区不是工业强区、科教资源并不占优势，但是奎文区具有成熟的现代城市基础设施以及城市生活条件。因此，具有非常好的现代服务业发展优势，能够为创新城区建设提供必要的发展条件。

（二）奎文区创新城区建设的主要优势

1. 区位资源优势。潍坊地区的战略地位优越。潍坊市地处山东半岛，奎文区是潍坊市的中心城区，处于山东半岛蓝色经济区、黄河三角洲高效生态经济区、胶东半岛高端产业聚集区三区叠加区域。按照《山东半岛城市群总体规划（2006~2020 年）》及青潍一体化等发展战略，潍坊市在半岛都市圈产业分工中承担为青岛高端产业和服务业提供产业支撑和配套的功能，这给以服务业为主导产业的奎文区带来了协同发展的良好机遇。

2. 区域资源集中。奎文区是全市的经济、文化、消费、生活中心，辖区各类创新资源相对集中，各类配套基础设施较为完善。全区共聚集市级银行、保险、证券等金融机构 73 家，占全市的 80% 以上；民间金融组织总量居全市首位，设立小额贷款公司、融资性担保公司、民间资本管理公司和民间融资登记服务公司 20 多家；教育资源丰富，高校职业教育走在全市乃至全省前列。辖区拥有高校、职业类院校 6 所，各类科研机构、科技中介服务机构 30 多个，在全市具有明显优势。

3. 交通设施完善。奎文区是地处山东省半岛的交通枢纽，已形成两纵六横公路交通网络格局。公路、铁路、水路、航空等交通基础设施基础较好，已开通北京、上海等 10 多个大型城市航线，是全国四个航空邮件处理中心之一。

4. 楼宇载体丰富。奎文区楼宇总部经济基础雄厚，现有楼宇总量、建设规模、档次质量都居潍坊市首位。楼宇总部经济已经成为引领城市转型、推动产业升级、促进财政增收的强力引擎。目前全区建成和在建楼宇 85 栋，商业商务面积达 362 万平方米，其中建成楼宇 55 栋，商业商务面积 140 万平方米。

5. 转型机遇良好。“十三五”时期，以服务业为主导的产业结构将是未来重点发展方向。从潍坊市的产业布局看，《潍坊市中心城区产业发展规划（2014~2020）》中明确了奎文区为全市服务业发展核心区的地位。当前奎文区整体产业结构进入工业化中后期，二产比例下降，三产比例持续上升，未来服务业发展空间巨大。

（三）创新基础优势

1. 企业创新主体地位逐步体现。到 2014 年底，目前全区已建立产业技术创新战略联盟 1 家，省级院士工作站 3 家，省级工程技术研究中心 2 家，市级工程技术研究中心 15 家，市级重点实验室 2 家，形成了支撑产业关键共性技术研发、工程化研究的区域技术创新体系。

2. 科技开放合作水平不断提升。全区已初步建立了科技项目数据库、专利项目数据库以及专家人才数据库等一系列动态实用数据库，建立了潍坊市专利信息综合服务平台奎文分台和奎文区专利技术成果交易平台。为切实提高开放水平，奎文区持续开展科技交流活动，年均超过 20 次，每年引进转化技术成果超过 200 项，技术引进转化能力有了较大增强。

3. 创新创业载体平台建设迈上新台阶。目前已规划建设了潍坊市科技孵化中心、潍坊大学生创业孵化基地、山东半岛大学生创业孵化中心、中国潍坊国际人才创业孵化中心和阳光 100 凤凰社等创新创新创业载体，引进了一批具有国内高素质的研发设计团队和创新创业团队，入驻了一批国内先进水平的高新技术项目（产品）和高科技企业。

4. 战略新兴产业发展实现新突破。在全市统一战略布局下，奎文区大力发展“飞地经济”，高起点、高标准打造了奎文滨海工业园区、先进制造业产业园、中韩工业园区等都市产业园区，并正在规划建设城南高科技产业园（齐鲁创智中心）、蓝色总部基地、中国潍坊纺织电商孵化基地、潍坊电商产业园区、汽车服务业产业园、医药物流园、顺丰丰泰电商产业园等特色园区，全区战略新兴产业取得突破性发展。

5. 创新政策环境明显改善。为支持产业发展和创新城区建设，奎文区认真贯彻落实《科学技术进步法》《专利法》等国家科技政策、法规，研究出台了《加快高新技术产业发展的决定》《奎文区重点产业发展优惠政策》《专利申请和专利实施专项资金管理暂行办法》《关于加快产业园区建设的意见》等一系列规范性文件，以政策扶持科技创新，创造产业发展的优良环境。

二、奎文区创建创新城区的“六大创新工程”

奎文区尝试“支柱核心”型的建设模式，在创新城区建设中强化创新创业服务新业态，将科技服务业进一步发展成为产业新业态，同时聚焦科技研发、工业设计两大领域，将战略性新兴产业作为先导产业，最终打造成为潍坊市转型升级的新引擎。通过实施创新主体培育、重点产业提升、创新要素集聚、创新载体搭建、创新人才引育、创新环境优化“六大创新工程”，着力把奎文打造成为创新驱动先行区、创新成果转化实验区、创新创业示范区、高端人才集聚区。

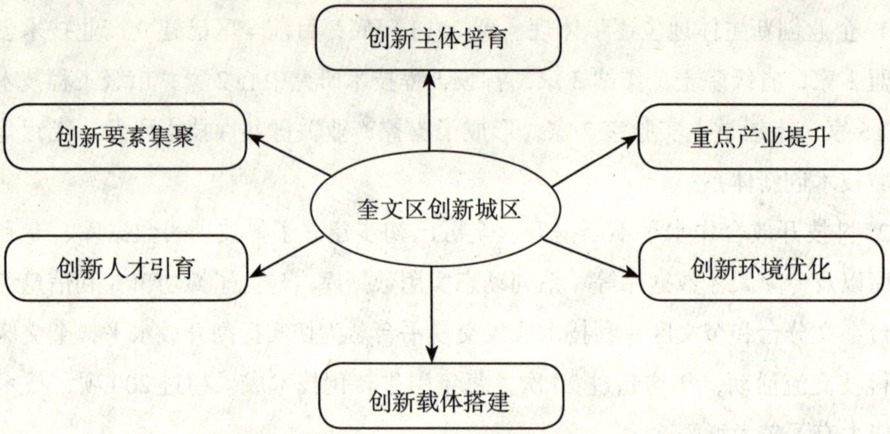

图 5-6　潍坊市奎文区创建创新城区六大工程

（一）创新主体培育工程，加强科技型企业培育

加快培育和发展具有自主知识产权的科技型企业，优先支持其承担国家和省、市、区科技计划项目，全面落实企业研发费用税前加计扣除等优惠政策。对新获批的国家、省创新型试点企业、技术创新战略联盟，分别给予 20 万元、10 万元奖励。加强高新技术企业培育和认定服务，壮大高新技术企业队伍。企业研发中心建设。支持企业创建国家、省、市级企业技术中心、重点实验室、工程技术研究中心、工程中心(实验室)等各类研发中心及各类新型研发组织。对新认定的国家和省级研发中心，分别给予 200 万元和 40 万元支持。支持有条件的企业建立海外研发机构。加强企业研发中心培育，对重点研发中心培育基地给予资金倾斜。技术创新联盟构建。围绕全区重点产业和战略性新兴产业发展需求，探索建立企业主导产业技术研发机制，支持企业联合高校、科研院所建立产业技术创新战略联盟。优先支持联盟申报各级科技计划项目，重大科技产业化项目原则上由联盟承担。

（二）重点产业提升工程，不断壮大科技服务业

立足潍坊地区先进制造业和现代服务业的基础优势，着力提升研究开发、成果转化、创业孵化、知识产权、科技咨询、科技金融等方面的服务能力。推动科技服务专业化分工和产业链上下游互动，将科技服务业打造成全区具有环境比较优势的产业，逐步建立以企业为主体、市场为导向、产学研合作、多元化的科技服务业体系。加快培育战略新兴产业。立足建设与中心城区功能环境相协调的技术密集型、研发型、轻加工型现代绿色工业，大力发展园区经济、楼宇工业。以中韩工业园、先进制造业产业园等高新产业园区为载体，打造以装备制造业、电子信息产业、新材料、新能源产业为核心的新兴产业战略基地。以都市型工业园区为载体，高标准规划建设都市工业楼宇，大力发展楼宇工业；建设齐鲁创智中心，打造集加速器、产业园、科研中心、商居休闲于一体的高品质科技创新产业园区。加快蓝色经济总部建设，打造环渤海蓝色经济的高端产业企业总部基地，建设海洋化工产业的“硅谷”。努力突破信息技术产业。通过“互联网 +”实现传统产业触网升级及商业模式创新，整合全区第二产业和第三产业的优势资源，积极打造以大数据、云计算、信息技术服务、电子商务服务业为代表的新兴产业。立足全区主导产业和国民经济发展实际，积极推进大数据基地建设，未来以产业楼宇为载体，建设奎文区大数据产业园，努力建成大数据资源集聚地和应用服务示范基地。

（三）创新要素集聚工程，促进科技与金融有效结合

大力发展天使投资和风险投资，充分发挥潍坊创新投资公司、潍坊城市建设投资公司和潍坊恒建投资公司 3 家国有投资公司的主体作用，以多种方式参与企业创新创业项目建设。深化知识产权质押融资，研究制定贴息、风险补偿等扶持政策，拓宽科技型、创新型企业融资渠道。统筹协调科技金融资源，建立创投、信贷、债券、担保、保险等有机结合的科技投融资综合服务平台。加强开放合作协同创新。以龙头骨干企业为核心，以市场为导向，以产权为纽带，以项目为依托，鼓励同一产业链上企业间的横向合作，形成优势互补、风险共担、利益共享、共同发展的合作机制。建立产学研联盟或产业技术创新战略联盟等合作联合体，联合开展相关共性关键技术攻关，实行协同创新，提高企业创新效率。建立创新资源共享机制。充分发挥奎文区科技、人才资源相对集聚的优势，为辖区企业创新、人才创业牵线搭桥。引导鼓励区内各类创新平台向社会开放，以奎文区专利技术交易平台和专利数据库为依托，建设奎文专利信息大数据基地，推进知识产权社会性公共服务，完善区域专利信息服务平台。

（四）创新载体搭建工程，推进各类产业园区建设

围绕奎文区重点产业，分别培育金融服务、现代商务、高端商贸、创新创业、创意设计、信息服务、文化旅游、电子商务、健康养老等九大类特色产业园区，实现现代服务业和战略性新兴产业集聚发展。加强创新创业平台建设。利用存量楼宇和在建商务楼宇，打造空间集中、产业集聚的创新创业平台。统筹布局各类创新创业平台，积极争取各类市级创新创业孵化器落户，鼓励社会力量投资兴办各类创新创业孵化器（平台）。重点推进了潍坊市科技孵化中心、齐鲁创智中心、中天下 · 潍坊市大学生创业孵化基地、世纪环球国际人才创业中心（半岛大学生创业孵化中心）、潍坊国际创意港、阳光 100 凤凰社、蓝色总部基地等创新创业孵化平台建设。

（五）创新人才引育工程，引进高端创新创业型人才

利用“奎文区人才发展专项资金”，积极引进高层次、高技能、通晓国际规则、熟悉现代管理的专业服务人才，带动行业壮大发展。整合各类培训资源，充分发挥博士后工作站、创业中心等机构的智力资源优势，使其成为高级专业技术人才的实践基地以及高层次企业经营管理人才的培训基地。加强重点领域高端人才的选拔和培养，建立“高端人才支持计划”，不断向企业输送具有国内、国际领先水平的高级人才。完善人才创新创业激励机制。积极搭建政府与高校、科研院所和企业紧密结合的平台，做到人才引进与智力引进相结合。凡引进符合奎文产业政策导向和经济发展战略方向的人才，特别是高层次管理、技术人才，提供科研条件和居住、生活便利；完善创新人才激励机制，将每一个重大项目的实施作为创新团队培育、创新人才磨炼的有效载体，将项目的实施与人才的培养巧妙结合，共同促进，共同发展。

（六）创新环境优化工程，强化创新政策引导

出台鼓励和支持创新驱动发展的财政税收、产业技术、人才引进、科技合作交流等优惠政策，制定细化细则，为建设创新城区提供政策保障。建立推行权力清单、服务清单制度，打造发展的“政策洼地”和“服务高地”。强化创新投入带动。加大政府、社会、企业各方面对科技创新的投入，确保每年财政科技投入的增长速度高于地方财政经常性收入的年增长速度。探索财政科技经费管理新模式，不断提高财政科技经费使用绩效。强化创新文化建设，倡导“创业、创新、创优”的精神，形成人人参与创新、关心创新、保护创新、支持创新的社会文化氛围。加强典型宣传引路，发挥榜样带动作用，激发全社会创新创业的动力。

三、奎文区创新城区建设的成效

（一）三次产业结构持续优化，第三产业对经济拉动力稳健走高

第三产业的结构比例、增长率和对经济增长的贡献不断提高，2016 年占比已高达 90.9%，产业增加值达 216.65 亿元，已经由城区发展的结构性增量转为重要增长极，持续拉动内需、促进就业、助力发展。

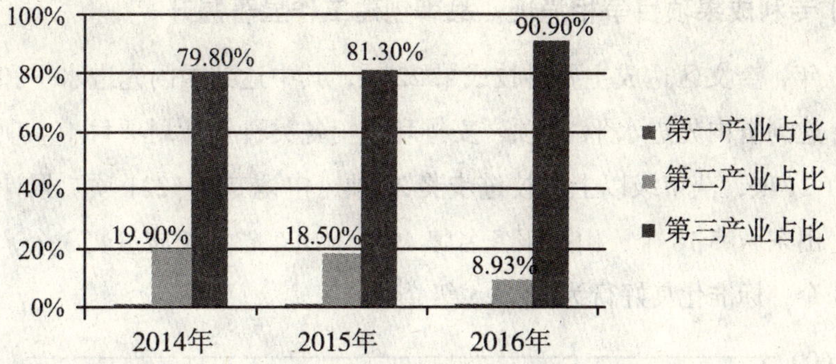

图 5-7　潍坊市奎文区三次产业比重

注：依据 2014-2016 年奎文区国民经济和社会发展统计公报数据绘制。

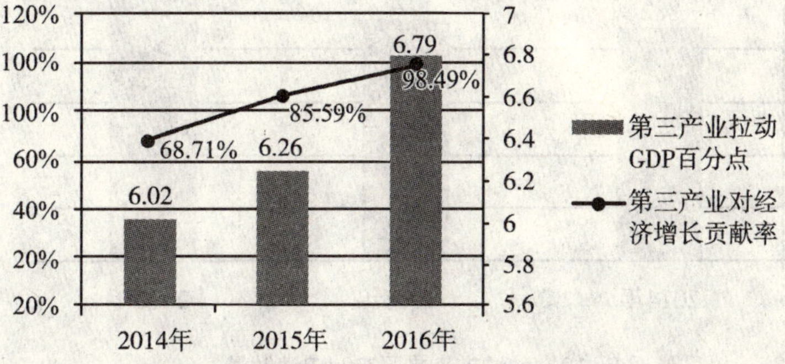

图 5-8　潍坊市奎文区第三产业对经济社会发展贡献

注：依据 2014~2016 年奎文区国民经济和社会发展统计公报数据绘制。

（二）科技创新能力不断增强，高新技术产业逐步增加

创新科技对发展的支撑作用明显增强，高新技术产业产值占规模以上工业总产值比重逐年增加，为全面提高自主创新能力及推动社会经济转型发展提供有力支撑。

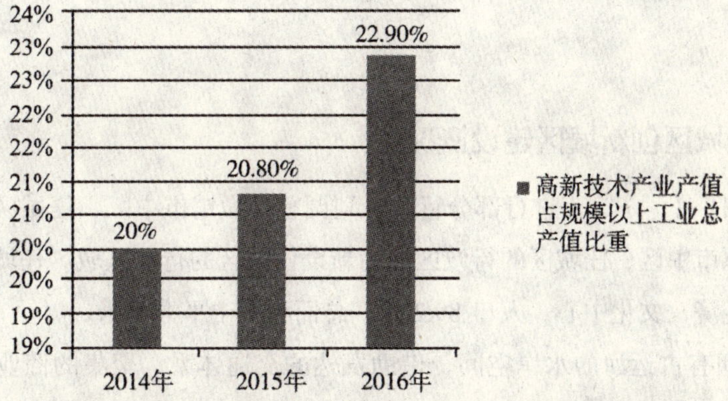

图 5-9　潍坊市奎文区高新技术产业占规模以上工业总产值比重

注：依据 2014~2016 年奎文区国民经济和社会发展统计公报数据绘制。

（三）专利成果项目争相涌现，品牌创建工作显著提升

综观三年，奎文区达成主要科技成果 22 项，其中达到国内先进水平和填补国内空白 5 项，达到省内先进水平 11 项。安排和承担各类科技计划项目 104 项，其中市级以上项目 21 项，获市级以上科技进步奖 22 项，申请专利 3221 项。累计获得中国名牌 3 个，山东名牌 18 个，山东服务名牌 49 个，山东省省长质量奖 3 个，潍坊市市长质量奖 3 个，标准化良好行为 AAAA 级企业 6 家。

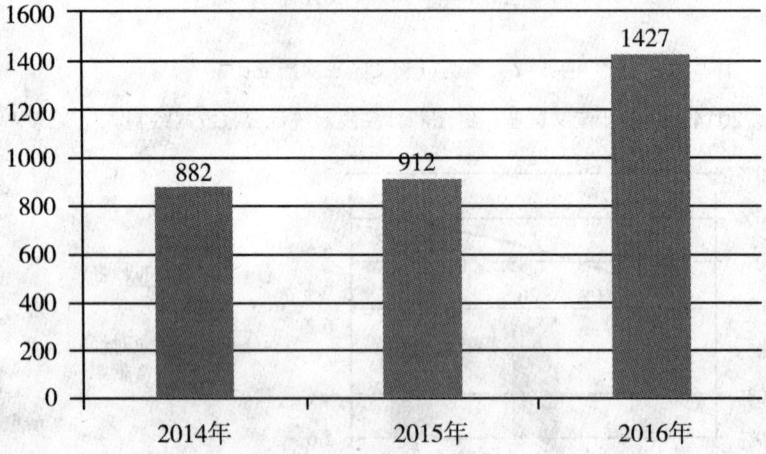

图 5-10 潍坊市奎文区专利申请数量

注：依据 2014~2016 年奎文区国民经济和社会发展统计公报数据绘制。

第三节 济宁市任城区创新城区建设模式

一、任城区创新城区建设概况

2013 年 11 月，济宁市进行部分行政区划调整：撤销市中区、任城区，设立新的任城区，以原市中区、任城区的行政区域为新设任城区的行政区域。任城区成为济宁市的政治、经济、文化中心，人口 89.2 万，总面积 651 平方千米。

济宁市拥有古运河的水岸空间，借助发达的交通体系、聚集的商业中心、深厚的历史文化，同时新信息产业蓬勃兴起，信息产业新“硅谷”正在形成，为这个资源枯竭型城市转型升级提供了强有力支撑。任城区创新城区的建设属于较为典型的“城

市区域再造型”模式，作为各类创新资源要素条件较为集聚的城区，通过优化提升创新功能，打造科技创新“四区”战略定位，即创新设计发源区、新兴产业崛起区、高端人才汇聚区、创新文化示范区。任城区在物理空间布局初步规划为“一核N平台、一带两板块、六园N中心”。通过实施“新硅谷”建设工程、“互联网+”工程、企业主体创新工程、创新平台建设工程、创新文化培育工程和重点项目建设工程等六大工程（如图11所示），打造创新任城“四区”目标。

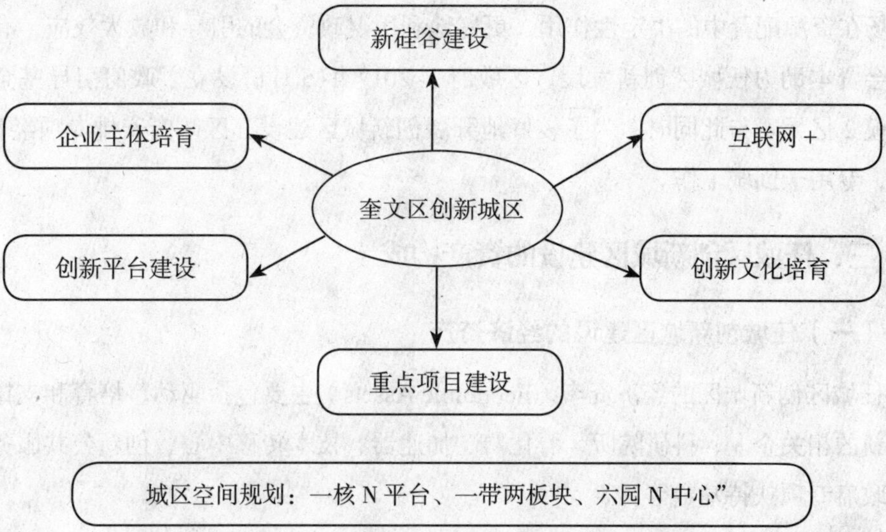

图5-11　济宁市创建创新城区六大工程

二、任城区创新城区建设的优势

（一）规划建设布局合理

任城区科技局广泛调研、查阅资料，在市局领导具体指导的基础上，起草了《任城创新城区规划建设方案》。方案明确了任城区的发展定位、发展目标及规划布局。其中发展定位为：整合现有创新资源，采用“城市化科技园区”发展模式，优化提升任城新区创新功能，打造科技创新“四区”战略定位：即创新设计发源区、新兴产业崛起区、高端人才汇聚区、创新文化示范区。发展目标为：以提高自主创新能力为主线，以推动经济转型升级为目标，通过3~5年努力，将任城区打造成为创新活力充沛、高新技术产业集聚、创新创业机制灵活、高端人才汇集、绿色生态宜居的创新发展示范城区。规划布局为：物理空间布局初步规划为“一核N平台、一带两板块、六园N中心”。按照“融合+联动”的核心理念，进一步调整优化城区空间布局，按照创新链不同环节和创新资源禀赋，将空间布局细分为若干功能单元区域，使区内各功能模块实现联通与融合。

（二）政府实践先行示范

为了“建成创新城区示范区，走出一条具有任城特色的创新发展之路”，任城区政府不仅成立了专门领导班子，而且还设立了政府引导基金和创新城区专项建设资金。一方面，任城区成立了由区政府区长任组长、分管区长任副组长，科技局、财政局、发改局、人社局、经信局参加的领导小组，领导小组下设办公室，办公室设在区科技局，科技局安排3位同志具体负责创城工作和相关组织协调；另一方面，为发挥市场在资源配置中的决定性作用，更好地利用财政资金的引导和放大效应，有效吸引社会资本助力任城区创新发展，区政府于2017年6月份设立了政府引导基金：首期规模2亿元。与此同时，为了较好地开展创新城区建设，区政府安排专项经费800万元，专用于创城工作。

三、任城区创新城区建设的资产构成

（一）任城创新城区建设的经济资产

任城区创新城区的经济资产（Economic Assets）主要包括驱动、培育和支撑该城区创新的相关企业、科研院所、孵化器、加速器、技术转移中心、创新公共服务平台以及政府专项扶持基金等。

1. 创新城区的创新驱动者。任城区创新城区建设的创新驱动者主要是围绕信息技术产业和以信息技术为基础的先进制造业创新发展而形成，包括知名的科研院所、国家级 / 省级 / 市级实验室、企业 (工程) 技术中心、企业研发机构等。目前，任城区引进并拥有中科院计算所济宁分所、山东省物联网技术研究院、山东省创新设计研究院、深圳创新设计研究院等多家知名科研院所。拥有国家级实验室4家、国家企业技术中心1家，省级企业 / 工程技术中心13家、省级院士工作站1家、市级院士工作站2家、市级工程技术研究中心31家。任城区还与国内外60余所知名大学科研机构建立了产学研合作关系。与此同时，任城区规模以上工业企业184家，纳入高新技术产业统计企业43家，其中国家级高新技术企业16家，并且普遍建立了企业技术研发机构。例如中兴通讯、中科智造、大唐高鸿、山东钢联、中国九次方、中国曙光星云、网信科技等高端信息产业项目集群式落户任城区，成为任城区创新城区发展的关键驱动者。

2. 金等是任城区创新城区建设的创新培育者。目前，任城区拥有3D打印与工业设计创新平台、国家软件与集成电路促进中心、中国软件评测中心济宁分中心、国家北斗产业化应用（济宁）平台等一批公共技术服务平台。还拥有任城科技孵化器和济北高新技术产业园科技孵化器等 2 家科技孵化器，中兴智慧城市产业园、中科智造信息产业园、山东钢联电子商务物流园、大唐电信科技创业园、华赛数码科技园和山东鲁济名腾电子商务园等 6 家信息技术产业加速器。

尤其是指出的是，政府专项扶持基金是任城创新城区建设的重要培育者。首先，任城区政府于 2015 年 6 月份设立了政府引导基金：首期规模 2 亿元。重点扶持科技创新、种子期及初创期中小企业、重大公共技术服务平台等领域。其次，积极组织 4 家企业申报了 2015 年度省科技成果转化引导基金参股子基金；组织 5 家企业申报了省重点研发计划，并成功入选，其中山东鲁抗舍里乐获批济宁市“331”工程创新型示范企业。最后，任城区政府安排专项经费 800 万元，专门用于创城工作，主要用于培育和引进一批科技信贷、科技担保、融资租赁等新型金融机构，构建一条从融资、投资到退出的完整的科技金融服务链。

3. 创新城区的创新环境支撑。依托深厚的儒家文化和运河文化底蕴，“崇尚创新、宽容失败、支持冒险、鼓励冒尖”的独特创新文化是任城创新城区建设的磁铁。济宁市是儒家文化的发源地、运河文化的传播地，任城区借助浓厚的文化底蕴，结合创新创业文化的特征，不断注入新的时代内涵，大力营造“大众创业、万众创新”的创新氛围，构建激发创新、促进创新、保护创新的良好文化环境，渐渐地形成了任城区独特的创新文化内涵。

（二）任城创新城区建设的物理空间资产

任城区创新城区建设的物理空间资产是指承担产业区的居住、生活、娱乐、城区等服务功能，主要包括舒适的住房、较发达的商业、共创空间、物流、便利的交通、快速的网络设施等。任城区是济宁市的政治、经济、文化中心，组群城市核心区。因此，拥有较发达的商业、物流、金融等服务业。

首先，任城区内公共交通便利，且任城区与其他区域的交通连接便利。105 国道、327 国道、京杭大运河、济菏铁路和京沪高铁、济徐高速等穿境而过，距济宁曲阜机场 15 千米，“水陆铁空”四位一体交通便捷。

其次，共享公共空间场所面积广、众创空间较成熟。目前任城区内拥有任城创客空间、海能智慧广场、山东商动力电商创业园、任兴信息产业园等 4 家众创空间，为初创企业提供了良好的公共空间场所。

最后，任城区宽带网络基础设施建设较为完善。2015 年，任城区政府制定出台了《关于加快推进信息产业发展的意见》（济任政发 [2015]13 号），提出通过 1~2 年的努力，任城区宽带出口带宽能力大幅提升，基本满足信息产业数据交换需求；完成现有 ADSL 等传统网络用户 100% 光纤到户改造，20M 以上接入能力的端口比例达到 100%，完全能够保证固定用户随时接入互联网；4G 移动电话人口普及率明显提升，较高程度满足用户移动接入互联网需求；建设无线宽带城区，实现城区 WiFi 免费上网。

（三）任城创新城区建设的网络资产

任城区创新城区建设的网络资产主要体现在任城区内产业企业、科研院所间形成的战略产业联盟。目前，任城区围绕信息产业、现代服务业、先进制造业、新材料、生物医药产业等，已形成了智慧城市产业联盟、山东省新设计（任城区）产业联盟、碳素新材料产业联盟、矿山机械产业联盟、生物技术产业联盟、工业润滑油产业联盟等 6 家产业联盟。通过建立产业战略联盟，任城区内的产业企业、科研院所之间形成良性互动，从而能够使得企业及时获得新发现的相关重要信息、鼓励实验并检验创意、帮助企业获得关键资源、加强部门与部门之间以及部门内部的信任和合作。

与此同时，联盟成员在引进国际先进的创新资源与技术项目、实现产业关键领域的技术创新与技术突破、支柱产业的商业创新与创新突破等方面占据绝对优势，从而共同提升联盟成员的自主创新能力。

四、任城区创新城区建设的成效

任城区充分利用行政区划调整的机遇，大力推进创新城区建设，深化科技改革，突破产业升级，扶持高新技术企业发展，经济运行总体平稳，综合实力显著增强，开创了科学发展融合发展新局面。

（一）三次产业结构不断优化调整，转型升级进程加快

到 2016 年，第三产业增加值达到 325.3 亿元，同比增长 8.8%，三次产业结构调整为 4.9% ∶ 36.0% ∶ 59.1%，服务业占 GDP 比重同比提高 2.0 个百分点，三次产业对 GDP 增长的贡献率分别为 2.2%、30.8% 和 67%。

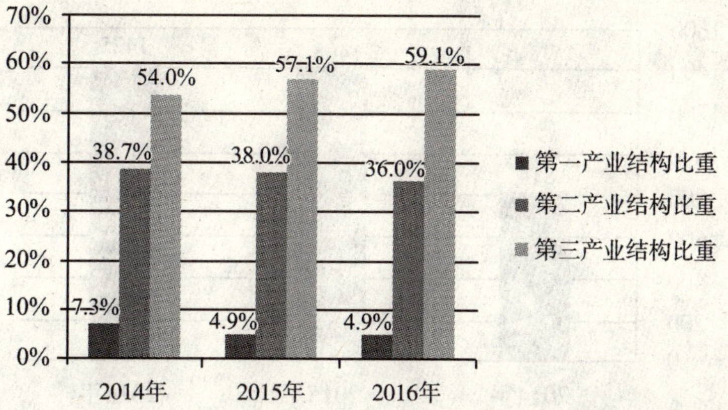

图 5-12　济宁市任城区 2014~2016 年三次产业结构比

注：依据 2014~2016 年任城区国民经济和社会发展统计公报数据绘制。

（二）高新技术产业不断发展

2014~2016 年，高新技术产业产值比重不断提升。2016 年内，完成高新技术产业产值 100.53 亿元，同比增长 3.65%，占规模以上工业总产值比重为 35.55%，比上一年提高 4.04 个百分点。

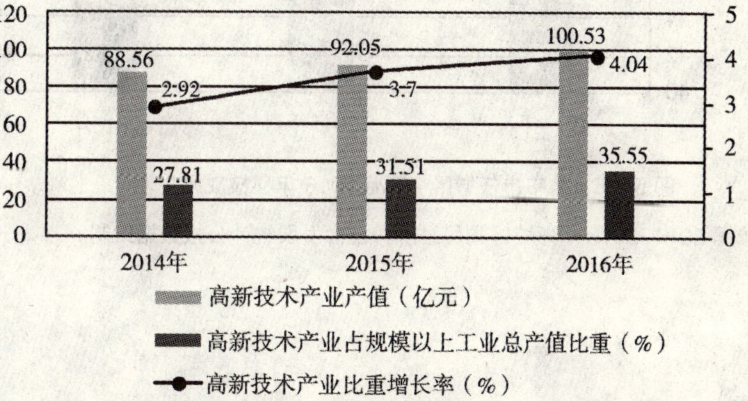

图 5-13　济宁市任城区 2014~2016 年高新技术产业发展情况

注：依据 2014~2016 年任城区国民经济和社会发展统计公报数据绘制。

（三）科技创新步伐加快，科技事业取得有效成果

2014~2016 年，全区共完成专利申请 5439 件，专利授权 3647 件；取得科技成果 152 项，其中，市级科技进步奖 27 项；获批国家高新技术企业 14 家，新增省、市工程技术研究中心 21 家，新增市级工程研究中心（工程实验室）2 家，企业技术中心 21 家；新增国家众创空间 1 家，省级国家众创空间 2 家，省级院士工作站 2 家。并于 2015 年成功入选“国家知识产权强县工程示范区”。

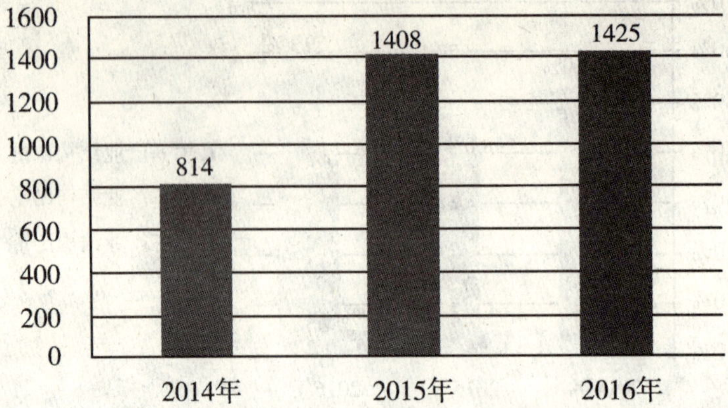

图 5-14 济宁市任城区 2014~2016 年授权专利（单位：件）

注：依据 2014~2016 年任城区国民经济和社会发展统计公报数据绘制。

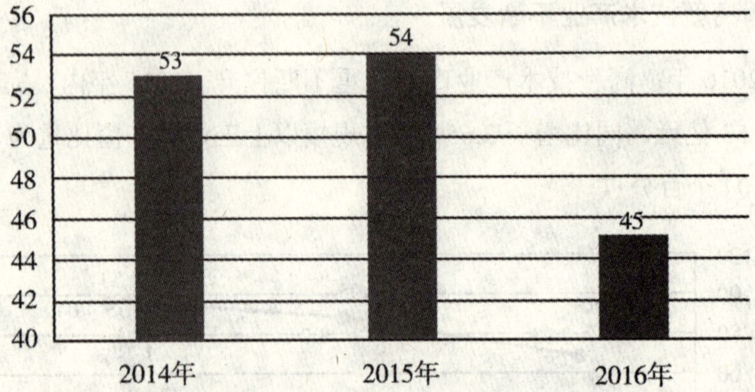

图 5-15 济宁市任城区 2014~2016 年科技成果（单位：件）

注：依据 2014~2016 年任城区国民经济和社会发展统计公报数据绘制。

第四节 济南市历下区创新城区建设模式

一、济南市历下区创新城区建设概况

（一）历下区的基本概况

历下区是泉城济南的老城区，也是济南的经济文化大区，总面积 100.89 平方千米，全区人口约 100 万，其中常住人口约 45 万。2015 年实现地区生产总值约 1000

亿元，一般公共预算收入 130.6 亿元，总量列全省县区级发展主体第二位。现代服务业比重达 54.5%；高新技术产业产值占规模以上工业产值比重达 21.1%；知识经济从业机构达 2278 家，产值 171 亿元；总部经济和楼宇经济集聚发展，2015 年总部企业达 18 家，税收过亿元楼宇达 19 座，被确定为山东省重点服务业城区。近年来，历下区以重要道路、重点片区和重大载体为依托，不断深化产城融合，编制了“一横、三纵、五区、七街”产业规划，重点发展金融商务、旅游休闲、商贸服务、文化创意、科技研发、健康医疗六大主导性产业。

历下区按照“支柱核心”模式建设创新城区，围绕济南市“打造‘四个中心’、建设现代泉城”的城市发展总目标，积极实施产城融合与创新驱动发展战略，实现产业承载能力、城市发展空间和经济发展活力三个提升，建设现代泉城引领区、服务经济核心区、创新创业先导区、大美生态魅力区、和谐幸福示范区，努力把全区打造成为济南市的区域性科技创新中心、经济中心、金融中心，实现经济发展“多核”并进的局面。

（二）历下区创新城区建设的主要优势

1. 创新生态环境优势。历下区是济南的老城区和核心区，区位优势明显，历下区辖区有 20 所高校和 100 余家省级以上科研院所，科技、教育、人才资源丰富。交通、商贸基础设施完善，教育、医疗、城市管理、民生保障等社会环境优越，创新创业生态环境优势显著。

2. 知识创新主体优势。以知识经济为代表的科技研发、设计咨询、文化创意、软件和信息服务等新兴产业集聚态势良好。至 2014 年底，全区知识经济从业机构达 2278 家，其中软件和信息服务 646 家，科研院所 153 家，设计咨询 564 家，文化创意 162 家，中介服务 273 家，经营性教育、医疗 206 家、其他 274 家。基本形成了门类较为齐全、具有区域特色的知识经济发展业态，逐步成为历下区经济“转”、“调”发展的新优势。

3. 科技创新载体优势。历下区拥有一批园区基地等科技创新载体，启动建设了山东硅谷产业基地，以此作为政府公共创新平台，重点推进山大路产业转型升级，形成以电子商务为主导，以信息服务、文化创意、工程服务为品牌，以科技服务、消费服务为培育的产业发展格局。山大路电子商务产业园被认定为全省首批电子商务示范基地，泉城路商贸流通园区获批全省重点服务业园区，济南文化创意产业区被确定为全市核心级文化隆起带，文化西路西段医药健康特色街被列为全市健康服务产业发展规划的重要支撑，黄金珠宝产业园、文化广告创意产业园、国际贸易电子商务产业园三大园区建设等为增强区域自主创新能力，优化区域产业结构提供了有力支撑。

二、历下区创建创新城区的四大体系

（一）以资金政策为主的创新创业治理体系

1. 强化政策支持，创建浓厚创新氛围。制定了《历下区创新型城区建设规划》《济南市历下区可持续发展实验区建设规划》《山东硅谷产业基地产业发展规划》等，积极构建全区创新蓝图，指导创新工作，营造创新氛围。制定出台了《关于加快发展知识经济的意见》《历下区关于促进知识经济发展的实施办法》，鼓励知识经济从业机构上规模、出效益、加快科技创新。并于 2012 年、2013 年，2014 年分别投入 360.3 万元、401.6 万元、530.55 万元兑现了政策。建立引才引智"绿色通道"，解决高端人才在生活方面的后顾之忧，提供合理的住房保障、子女入学保障等便利条件，提高人才吸收能力。

2. 加大科技投入，逐步完善投融资机制。积极探索建立以政府投入为引导、企业投入为主体、风险投资和金融信贷为支撑、其他社会投入为补充的多元化、市场化的科技投融资机制和体系。区财政优先保障科技支出，逐年加大科技投入。全区科技研发投入每年按照 13% 的比例逐年增加，2011~2014 年分别为 2473 万元、4100 万元、5603 万元和 6156 万元，主要用于支持自主创新和产业化、科技基础平台和科技园区建设等。设置区级科技金融风险补偿专项资金，与合作银行签订协议将资金放大 30 倍，为企业发展提供了规模达 1.8 亿元的贷款额度。推动和鼓励重点企业上市融资，尤其是软件和信息服务企业，为其专门设立"智慧历下"建设专项资金，拓宽企业融资渠道。

3. 建立创新型城区建设考核机制。为更好地推进创新型城区建设工作，区政府与各街道办事处每年签订年度创新型城区建设考核责任书，并开展了创新型城区建设街道办事处考核，进一步明确了工作目标。形成了纵到底、横到边的科学高效运行机制，实现了创新型城区建设工作的规范管理、科学运行。

（二）以知识经济产业为特色的现代产业创新体系

在巩固发展传统支柱产业上，借助"互联网 +"促进传统商贸业升级，积极寻找并不断培育壮大潜在优势产业，将旅游休闲、文化创意、科技研发、健康医疗、养老服务、电子商务、律师咨询、教育培训、会计审计、人力资源十大产业作为新的增长点，努力实现经济发展"多核"并进的局面。加快科技研发、电子信息、设计咨询、文化创意等知识经济产业集群发展。

1. 科技研发产业。以山东省科学院、山东省医学科学院、山东电力工程咨询院、山东省化工研究院等重点院所为龙头，大力发展科学研究与技术开发、成果转化、技术及信息服务等科技研发服务业。大力引进科研院所或分支机构，推动科研院所与企业开展产学研合作，建立工程技术研究中心、技术创新联盟等产学研联合支撑平台。

2. 设计咨询产业。充分发挥区内大量设计机构的创新资源优势，大力发展建筑设计、医药工业设计、石油化工设计、水利勘测设计、城乡规划设计、化工规划设计、环保设计等设计行业，重点扶持一批骨干设计院、设计公司。以区内优势产业以及服务业的发展需求为重点，加大政策引导，加大对民营设计单位的扶持力度，培育民营设计品牌，形成品牌优势。

3. 文化创意产业。区内广播电视电影、文艺、新闻出版总部密集，人文、历史丰富，借助在文化创意产业方面丰富的资源优势和良好的发展基础，依托历史、文化等资源优势，重点发展广播电视、新闻出版、影视音乐、会展、艺术娱乐等产业。充分发挥总部聚集的优势和总部经济的特长，在广播电视、文艺、出版等相关产业链的决策、组织、制作、发行、培训等环节形成竞争优势。加速传统文化创意产业的转型升级，推动数字技术在文化创意产业中的应用。

（三）以产学研合作为基础的协同创新体系

1. 积极探索新型合作模式，大力推进“校企”合作。充分依托省会城市中心城区地理经济资源优势，积极探索企业与高校科研院所间的新型合作模式，搭建产学研合作平台，积极推进科技企业与山东大学、齐鲁工业大学和济南大学进一步加强合作，支持校企共建研发中心、工程技术研究中心、大学生实践基地和创业基地等载体。

2. 深化产学研合作力度，增强有效对接。为了解决企业技术攻关、成果转化和知识产权共享与保护等问题，组织企业积极参与“齐鲁工业大学青年学者服务济南企业创新行动”对接会；聘任产业发展顾问，加强与企业对接。针对历下区重点发展的软件及信息服务业、都市工业等产业聘任 9 名产业发展顾问，组织产业发展顾问与企业对接，并定期邀请产业顾问深入企业走访调研，面对面与企业负责人进行座谈交流，为企业解决难题，对企业发展创新提出建议。实施“育智培训计划”，助力企业创新发展。开展萃智理论、企业生产经营决策、知识产权保护、企业创新与发展、企业标准化等各类专题培训 52 次，培训科技人才 5000 多人次，着力满足企业发展的人才需求。

（四）以园区基地为载体的创新创业生态体系

1. 积极打造金融商务生态圈。借助济南中央商务区的优势，区域内不乏实力强大的企业总部，以此吸引各大金融类企业区域总部前来落户，进一步强化总部经济，建立起完善的金融商务生态圈，为企业投融资服务营造良好金融环境。

2. 建设新型城市科技园区。围绕重点产业，以各类创业创新载体为依托，建设新型城市科技园区，拓展企业发展空间，促进产业集聚。聚力发展优势产业，充分发挥山东大东高新技术创业服务中心、山东硅谷产业基地等机构的产业服务功能，打造引领区域创新发展的新引擎；突出特色产业发展，建立特色园区，主要依托长岭山科技研发集聚区、历下都市工业园、软件信息产业园等特色园区，将其打造成为区域内技术创新、科技成果转化的重要平台，加快工业设计、检验检测、生物技术、物联网、云计算等特色产业的发展。发挥济南留学人员创业园成果转化、高层次人才创新创业基地的辐射作用，创新园区发展模式，突出园区特色。以“科技市场＋园区”“商务楼宇＋园区”的模式，将科技市场、商务楼宇与园区经济进行创新融合，形成园区经济合力。

3. 拓展众创空间，加强创新孵化。依托“一区三园”和大学生创业园，利用辖区高校、科技机构闲置楼宇，利用山东硅谷产业基地和高校、科研院所的有利条件，建立了一批有效满足大众创新创业需求、具有较强专业化服务能力的众创空间等新型创业服务平台。

4. 创新文化建设。举办“历下创新大讲堂”，以“弘扬创新精神，创建首善之区”为主题，邀请有关专家为辖区科技企业、街道办事处开展“科技改变生活，创新创造未来”“如何培养创新思维、提高创新能力”等专题辅导，积极营造鼓励创新创业的浓厚氛围，激发全社会创新创业的动力。

三、历下区创新城区建设的成效

创新城区建设加快了历下区创新发展步伐，使历下区作为济南市创新核心区域的地位更加稳固。

（一）二、三产业结构优化调整

第三产业增加值由2014年859.5亿元增长至2016年1022.1亿元，二、三产业比重由2014年的15∶85上升为13∶87。

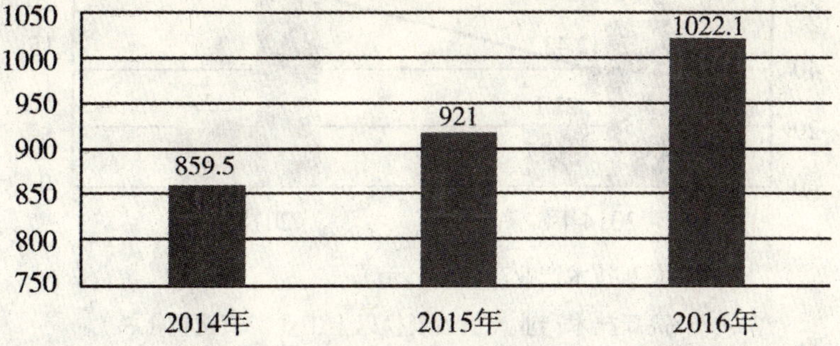

图 5-16　济南市历下区 2014~2016 年第三产业增加值（单位：亿元）

注：根据历下区 2014~2016 年国民经济和社会发展统计公报数据绘制。

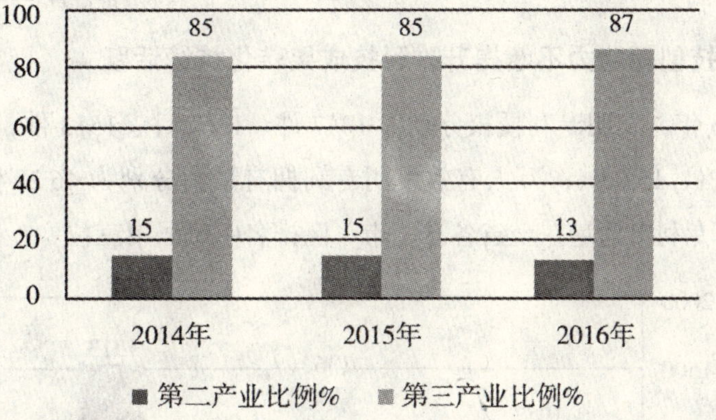

图 5-17　济南市历下区 2014~2016 年二、三产业比例

注：根据济南市历下区 2015~2017 年政府工作报告绘制。

（二）战略性高新技术产业保持良好发展势头

规模以上工业高新技术企业实现产值由 2014 年 56.70 亿元，增加到 2015 年 69.36 亿元，占规模以上工业产值比重由 2014 年的 21.1% 上升到 2015 年的 22.4%。

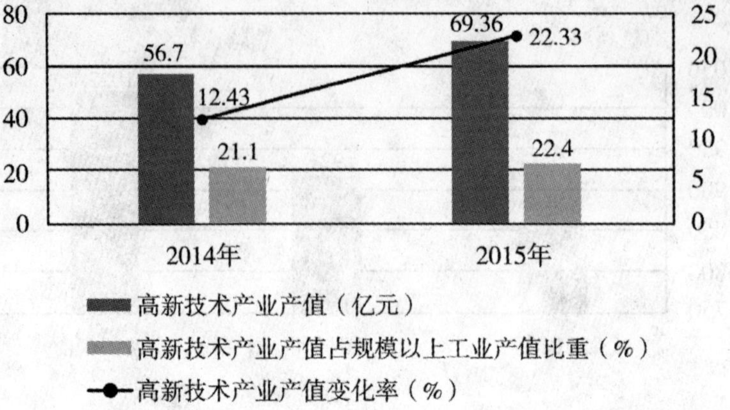

图 5-18　济南市历下区 2014~2015 年高新技术产业产值

注：根据 2014~2015 年济南市各县区、高新区科技创新工作进展情况的通报绘制。

（三）科技创新能力不断提升，科技成果转化持续活跃

2014~2016 年，发明专利授权分别为 1047 件、1367 件、1513 件，同比分别增长 34.75%、30.56%、15.05%；万人有效发明专利拥有量为分别为 46.28 件、60.67 件、71.06 件，发明专利申请量在全省各县（市）区排名中位居第三位。

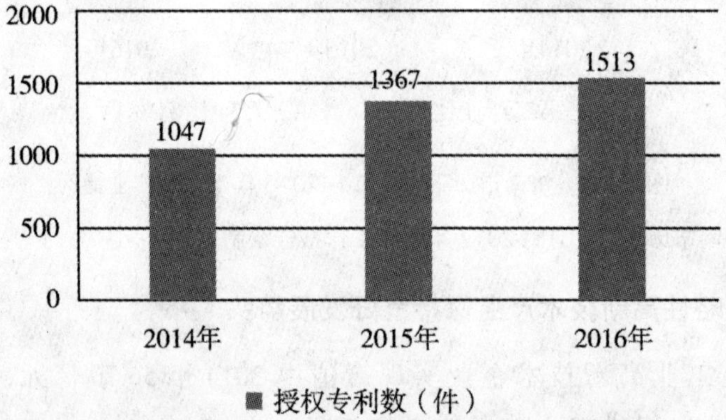

图 5-19　济南市历下区 2014~2016 年授权专利数

注：根据 2014~2016 年济南市各县区、高新区科技创新工作进展情况的通报绘制。

第五节　山东省创新城区建设存在的问题

一、创新城区建设还缺少系统规划和顶层设计

海淀、杨浦等城区在试点之初，就着手制定相关的总体规划和产业发展规划、行动计划和政策措施，并在市、区两级政府建立专门组织协调机制，具体落实“顶层设计”。海淀成立了中关村国家自主创新示范区部际协调小组，搭建起国家有关部门和北京市共建的中关村创新平台。沙坪坝区明确“国家创新型试点城区”建设工作目标，制定相关实施方案。

与海淀区、杨浦区等创新型试点城区相比，我省的创新城区建设和顶层设计还没有出台涵盖省域或市域范畴的创新城区工作实施的意见和建设规划，有关城区基本上是自发地开展创新城区建设的摸索，缺少系统性的统筹和规划。

二、创新政策环境有待进一步改善

省里和市里虽然陆续出台了一些创新型城市建设的意见，但在创新城区先行先试、城区自主权等方面还未出台明确的文件，各级政府在创新城区建设的政策导向方面，如人事、税收、考核等方面的导向还不是十分清晰和有力，各项政策相互之间存在不协调甚至冲突之处。科技创新相关政策方面，知识产权保护、税收、利益分配等具体实施细则有待进一步完善，暂时还没有形成相对完整的政策法规体系。

三、创新体系有待完善

（一）创新资源统筹管理不足，协同体制机制存在障碍

科技工作条块分割、多头管理，科研创新要素整合效率不高，学校教学、基础科学研究和企业产品开发三个体系相互分离脱节，知识产生－知识传播－知识转化的创新链条不顺畅。

（二）以企业为主体的产学研合作创新机制还未完善

企业的技术创新机制主体地位还没有真正建立，对科技成果转化缺乏主动意愿，缺乏自发的技术创新动力. 技术创新投入少，更愿意搞短、平、快的项目，不愿接受

风险较高、周期较长的高科技成果。

（三）科技成果转化的激励机制不健全

由于科技管理体制尤其是科技经费管理制度限制过多，科技成果转化收益分配机制不合理，缺少对智力成果的价值承认，科研人员的利益往往容易被忽视，影响了科研人员的创新和转化动力。

四、科研成果转化能力弱，创新效益差

山东有众多高校、科研机构，科技成果和知识创造也较为丰富，由于缺乏有效的协调与凝聚机制，基础研究、应用研究、技术开发相互脱节。科研人员科技成果转化的意识薄弱，成果大多停留在论文、实验室阶段，研究成果的商品化、产业化程度不高，转化率成功低，不适应市场和企业的需要。科技成果难以转化为现实生产力，对经济增长贡献不大。

五、科技创新服务体系发展水平不高

一是支持科技创新和市场化服务的机构发展滞后，如科技评估、技术产权交易、创业投融资服务等中介组织，难以满足创新创业需求和高技术产业发展要求。二是科技服务中介机构服务内容、服务方式缺乏创新，运作机制不灵活，服务质量较低。不少中介组织的从业人员整体素质不高，知识结构、专业能力和服务经验不足，难以满足服务需求。

第六章　山东创新城区建设对策建议

第一节　山东创新城区建设的总体思路

当前，新一轮的城市创新竞争已经在更高的层次展开，“创新城区”已经成为全球区域创新模式转型的新方向。将整个城市作为创新发展的主体，这不仅仅是城市规划的升级转换，也体现了城市建设思维方式的转变，是创新型城市建设的关键所在。对于城市的转型发展来说，创新城区建设是一个新的课题，要高起点、高标准进行有深度、有广度、有厚度的统筹规划，全面协调各种关系、统筹兼顾各种资源的开发，将区域科教发展、产业发展和城市空间发展纳入一个包含行为主体、资源以及活动在内的创新城区网络框架体系中。

建设创新城区的总体思路，就是要深入实施创新驱动发展战略，牢固树立“创新、协调、绿色、开放、共享”五大发展理念，围绕创新创业这一灵魂主线，以构建一个充满生机活力的创新创业生态系统为宗旨，将创新城区打造成区域科技创新的重要策源地、新兴特色产业的集聚高地、新型城市建设的示范基地和创新创业文化的空间载体，成为集科教资源、产业发展、城市规划、创新文化于一体的综合性城市空间。

一、将创新城区打造成为区域科技创新的重要策源地

坚持政府引导、市场主导的发展路径，建立以企业为主体、以市场为导向、政产学研紧密结合的开放型技术创新体系。集聚科教创新资源，大力引进高等院校、科研机构和教育培训机构，联合高校院所联合共建综合性研究院，加快提升本区人才培育和技术创新能力；大力引进和培育龙头创新型企业，加强产学研合作和协同创新，引导鼓励企业创建工程中心、企业研究院等创新平台，实现创新链上的建链、补链、

强链；通过专项人才计划、建设科技企业孵化器、搭建国际合作载体等方式，面向海内外大力引进高端人才、创新团队和先进技术成果，使人才驱动创新、创新驱动发展，大幅提升创新城区的技术创新能力和核心竞争力。

二、将创新城区打造成为新兴特色产业的集聚高地

坚持立足本地特色和资源优势，突出新兴产业培育和支柱产业竞争力提升，打造若干特色创新产业链条，将创新城区打造成创新创业创意产业的集聚发展区和辐射引领高地。一要依靠科技创新改造提升传统产业，加大轻工、纺织、机械等优势传统产业的智能化、自动化、网络化改造升级力度，提高产业装备水平和产品附加值，大力发展节能减排和循环经济。二要围绕“四新一海”重点领域，加快培育壮大战略性新兴产业，拉长产业创新链，强化周边资源配套，打造具有较强国际竞争力的创新型产业集群。三是重点发展现代服务业，做大做强信息服务、现代物流等生产性服务业，加大技术集成和商业模式创新，发展高创意性产业和先进商业服务业，支持扩大社会公共服务供给，打造高端服务产业发展中心。

三、将创新城区打造成为新型城市建设的引领示范基地

要清楚认识创新城区不仅强调各类创新资源的集聚，而且还强调区域内人们的生活品质，包括提供就业机会、住房、交通的通达性、互联网络的便利性，以及休闲娱乐等综合服务功能。推进创新城区的新型城市化建设，不再是传统意义上仅仅提供居住功能的居民聚居区，而是构建富有丰富创意和深厚的知识底蕴，集交流、创业、文化、休闲、居住于一体的公共服务空间。空间布局上，注重大杂烩式的混合布局，既要有智能化办公楼及各种商业服务设施，又要提供住宅、办公、零售、休闲、娱乐等多功能区域，还要具备推动高科技研发的大学科技园、知识产权园、教育服务园区、中小企业研发外包服务中心、创业者公共实训基地等；功能融合上，注重融和办公和居住为一体，适应高科技工作者与常人不同的生活方式，瞬间完成工作和生活的角色转换；资源集聚上，要依托周边著名大学和各类科研院所的丰富资源而存在，彰显浓厚的社区创新文化。总之，在社区与园区空间混合、工作与生活功能融合的创新环境下，打造“亦社区、亦园区、亦休闲、亦工作”的柔性自由空间氛围。

四、将创新城区打造成为创新创业文化的核心空间载体

坚持以构建创新创业生态环境为目标，切实将“大众创业、万众创新”国家政策落地生根，把“双创文化”融入创新城区的内涵建设上。落实“创业中国”行动计

划，鼓励在创新城区实施“创业中国”发展工程。以市场化、专业化、集成化、网络化为导向建设“众创空间”，推广创客空间、创新工厂等孵化模式，推动创新与创业、线上与线下、孵化与投资相结合，建立综合性的创新创业服务平台，为个人创业和小微企业创新打通便利性运作渠道，降低创新的成本。积极培育创客文化，营造创新氛围，建立健全创业辅导指导制度，以创业训练营、创业创新大赛等活动的举办加快创新成果的取得。

加强对创新创业成功范例及优秀创新创业服务机构的宣传，打造“创新城区”特色品牌。推动大众创业、万众创新，鼓励发展众创、众包、众扶、众筹空间，让每个有创新意愿的人都有机会和空间，加速形成人人崇尚创新、人人希望创新、人人皆可创新的社会文化氛围。

第二节 山东创新城区发展的实施路径

一、试点先行，逐步推开

建议制定全省创新城区建设规划，在济南市历下区、德州市生态科技城、济宁市任城区、潍坊市奎文区探索实践的基础上，先行在上述4个城区推行创新城区建设试点，并逐步在全省全面推开，争取用较短的时间在“两区”（山东半岛蓝色经济区和黄河三角洲高效生态经济区）、“一圈”（省会城市群经济圈）、“一带”（西部经济隆起带）等重点发展区域建成至少10个创新城区，其中3~5个城区成为国内先进、国际知名的创新城区。将创新城区发展成为实现创新驱动发展、科教兴鲁和人才强省战略的重要载体，以及加快实现由“山东制造”向“山东创造”“山东设计”“山东标准”转变的有力抓手。

二、推动高新区产城融合发展

从全省层面应形成一个总揽全局、指导全面的高新区产城融合发展的思路意见，重点突出，以点带面，对全省高新区的空间布局发展重点进行统筹协调，要以高起点、高标准的要求在产业布局及产城一体化方面进行高规格的规划，充分考虑高新区的未来发展空间，注重发展的兼容性。为提高效率和效果，应进一步探索高新区的管理体制，将一定的自主规划权赋予高新区，将高新区作为管理主题，明确其行政主体地位。赋予高新区管理的创新实验权，理顺规划权、财权、用人权、事权，实现权责对等，使其能够从产城融合的角度去谋划高新区的发展。

三、旧城改造发挥区域特色，科创、文创双轮驱动

旧城改造切忌盲目地大拆大建，老城区的“老”往往体现在经过历史积淀所保留下来的文化底蕴上，是老城区的特色所在。旧城改造一方面要老城换新颜，另一方面还应突出体现城区文化特色，留住历史根脉。老城改造应在保护当地文化及区域环境的基础上进行创意规划，以科技创新、文化创意为动力，对城区功能结构进行合理优化，不仅要有区域支柱产业，还要有涵盖科学教育、便利交通、生活基础设施、现代服务、风俗民情等各种功能的城区建设。旧城改造过程中需正确处理开发与保护、经济与文化、创意与继承、历史与未来的关系，用创新驱动区域新旧动能转换，加快产业升级，提升文化内涵，构建无污染、低能耗、高创意的创新生态之城。

四、加强产学研合作，打造协同创新示范区

采取市场化、企业化运作模式，大力引进国内外知名高校、科研院所落地创新城区，加强产学研合作，推动技术创新引领，促进成果转移及技术转化。为校地合作搭建成果交易服务平台，加快技术交易市场建设，完善交易规则，为技术产权转移建立高效便捷的渠道。探索建立科学的利益分配机制和互信机制，保证产学研各方利益的合理分配。推动科技产业成为创新城区的支柱，成为区域创新发展的“智慧核”和重要增长极。

五、强化大学城创新辐射引领作用

推动建设大学城与科技园区、企业搭建协同创新合作平台，推动科研成果从学校里“走出去”，促进技术的转移转化，成立专门机构打造成果筛选评估、交易转让、孵化培育、组建企业等一条龙专业服务，解决成果转化“最后一公里”问题，促进科技成果转化，打造未来辐射拉动整个地区发展的集成地、枢纽站和动力源。大力发展大学及高职院校核心特长专业，将其技术成果及创意产业化、商品化、市场化。增强特定领域和行业的人才培养和社会服务能力，促进科研人员在高校与企业间合理流动。

第三节　山东创新城区建设的框架体系和衡量指标

一、创新城区的框架体系

结合山东省四个城区的实践探索，在总结创新城区建设特点和规律的基础上，遵循“规划和政策引导—产业创新—知识协同—社区承载”的理念，建设创新城区的四大体系，即创新创业治理体系、产业创新体系、知识创新体系、创新创业生态体系。

（一）创新创业治理体系

通过规划指引、政策保障、资金投入、人才支撑、组织保障与监督考核，构建以政府政策为引导的创新创业治理体系。加强规划指引，优化城区物理空间布局；设置专项资金，用于创新城区建设，吸引高端专业人才，培育创新主体；强化创新政策引导，营造浓厚创新氛围，加大科技投入，逐步完善投融资机制；建立创新型城区建设监督考核机制，推动创新城区建设工作的规范管理、科学运行。

（二）产业创新体系

以当地特色优势产业为依托，以企业为主体，联合科技研发机构构建产业创新体系。明确主导产业和重点提升的产业，开展科技型企业培育，合力攻关突破产业技术瓶颈；借助“互联网+”积极促进传统商贸业升级，加快科技研发、电子商务、设计咨询、文化创意等知识经济产业集群发展；建设产业技术创新研发平台，促进企业、科研院所之间形成良性互动，共同提升产业自主创新能力。

（三）知识创新体系

统筹布局各类创新创业平台，以产业企业、大学和科研机构为协同力量，建立产学研联盟或产业技术创新战略联盟等合作联合体，建设协同创新体系；联合开展相关共性关键技术攻关，推动知识创新和产业创新；推进“校企”深化产学研合作力度，增强有效对接。

（四）创新创业生态体系

建设以产业园区为主的载体平台，强化科技和金融服务，完善居住、生活、娱乐、创新创业培育、创新文化等功能，构建创新城区建设所需的创新创业生态体系。建设新型城市科技园区，拓展众创空间，加强创新孵化，推进创新文化建设，增厚创新文化底蕴，营造鼓励创新创业的浓厚氛围；打造金融商务生态圈，推动科技与金融的有效结合，为创新创业提供资金支持；完善公共交通、生活服务、教育医疗等配套功能，为创新创业提供综合服务。

二、创新城区建设的衡量指标

构建考评体系是创新城区建设的重要组成部分，是衡量创新城区建设实际工作成效的标准，应立足山东省创新城区建设的实际，遵循其发展路径和规律，形成与之相适应、独特的创新城区指标体系，充分发挥其战略引导性作用。

（一）衡量指标选取的原则

1. 考评指标体系应兼顾全面性和代表性。创新城区建设作为一个创新型项目，有其自身发展规律和基本特征，山东省创新城区建设实现与否，关键看其是否具备了这些基本特征，否则创新城区建设就无从谈起。此外，山东还有其独特的发展优势和发展侧重点，是增强当地创新城区辨识度的关键，在考评体系构建中也要加以体现。因此，创新城区考评体系既要全面体现创新城区建设的基本要求，又要体现山东当地的特色优势。

2. 衡量指标的选取应确保权威性，数据获取要考虑连续性及可获取性。山东省创新城区建设应融入创新型省份和创新型国家建设中，符合国家对创新的基本要求，能够通过国家验收得到国家权威性认定。因此衡量指标的选取可以借鉴国内的国家创新指数指标体系、中国区域创新能力评价指标体系、全国科技进步统计监测指标体系以及国际上的欧盟创新记分牌评价指标体系、世界经济论坛的全球竞争力评价指标体系、洛桑国际管理学院的世界竞争力评价指标体系等相关权威性研究成果，根据山东省创新城区的实际特点，进行筛选和必要扩充。此外，衡量体系一旦建立，就要长久地对各项指标进行连续追踪监控，因此数据必须要有可靠的来源，以便获取和分析，即使某些指标具备一定的适用性，但若获取途径不明确，也不适合纳入指标体系。

（二）创新城区建设衡量指标体系

经过研究，山东省创新城区衡量体系可参照下表进行构建：

表 6-1　建设创新城区指标体系

一级指标	二级指标	
创新要素集聚能力	1	每万名就业人员中研发人员（人/年）
	2	全社会 R&D 经费支出占地区 GDP 比重（%）*
	3	创业投资引导基金总额占地区 GDP 比重（%）
	4	国家和省级高新技术产业开发区营业总收入占地区 GDP 比重（%）
	5	国家和省级农业科技园区营业总收入占地区 GDP 比重（%）
	6	国家和省级重点实验室、工程实验室和工程（技术）研究中心数量
综合实力和产业竞争力	7	科技进步贡献率（%）
	8	全员劳动生产率（万元/人）
	9	高新技术企业数（家）及占规上工业企业数量比重（%）*
	10	高新技术企业主营业务收入占规上工业企业主营业务收入比重（%）*
	11	知识密集型服务业增加值占地区 GDP 的比重（%）
	12	每万人发明专利拥有量（件/万人）
创新创业环境	13	每万人新增注册企业数（家/万人）
	14	技术市场成交合同金额占地区 GDP 比重（%）
	15	国家和省级科技企业孵化器、大学科技园在孵企业数量
创新对社会民生发展的支撑	16	空气质量达到及好于二级的天数占全年的比重（%）
	17	万元 GDP 综合能耗（吨标准煤/万元）
	18	城镇居民人均可支配收入与农村居民人均纯收入之比（%）
	19	实际使用外资金额占地区 GDP 比重（%）
	20	农村贫困人口数占农村户籍人口比重（%）
创新政策体系和治理架构	21	科技公共财政支出占公共财政支出的比重（%）*
	22	研发经费加计扣除所得税减免额占企业研发经费比重（%）
	23	党委政府出台实施创新驱动发展战略的决定或意见及配套政策 *
	24	拥有能抓创新、会抓创新、抓好创新的科技管理队伍 *
	25	党委政府抓战略、抓规划、抓政策、抓服务，“放管服”改革取得显著成效，形成多元参与、协同高效的创新治理新格局
特色指标	26	人才工程引进人才数（人/年）
	27	企业 R&D 支出占全社会 R&D 支出比重（%）
	28	战略性新兴产业增加值占地区 GDP 比重（%）
	29	科技企业孵化器和众创空间数量（个）
	30	引进国内外高端科技人才数量（人）
	31	引进国内外研发机构等数量（家，分别列出）
	32	高技术产品出口额占商品出口额比重（%）

（三）创新城区衡量指标的运用

除了创新城区衡量指标体系建设这项重要工作，如何对指标数据进行有效分析和合理运用，以便为创新城区建设提供有价值的决策参考也同样具有不可忽视的作用。对于创新城区的衡量：一是要建立数据的动态跟踪监测机制，注意数据的增减变化，及时掌握创新城区建设的工作实效，并根据实际情况进行适时调整。二是对山东省内各个区域的指标数据进行横向比较，对表现较好的城区进行优势分析，不断积累创新城区建设经验，并在全省进行推广。三是收集国内较为发达的创新城区相关数据，并将山东的数据与之进行纵向比较，找出优势与不足，将发达地区的成功经验内化为自己的实践做法。

可以考虑在上述衡量指标的基础上，结合各城区创新城区建设实践，制定并定期发布"山东省创新城区指数"，以简明扼要的形式将各创新城区建设进展和成效及时向社会公布，以利于创新城区建设的宣传和推广，并进而吸引社会各界的广泛关注和支持。

第四节　山东创新城区发展的保障措施

一、打造智慧城市和智慧政府

智慧城市是城市的发展趋势，也是城市管理创新的集中体现，能够为创新城区提供更加科学的建设发展路径。应积极研究和大力推动"互联网+"、大数据、物联网、云计算等前沿技术的发展，并广泛应用到交通运输、科研教育、公共安全、医疗卫生、城市管理等各个方面，打通产城融合渠道，促进城市经济社会的可持续发展。重点建设覆盖全区的企业服务云平台，对政府信息资源进行梳理分类，将其中允许公开利用并具有经济社会价值的信息向企业开放，并引导企业进行合理的开发利用。重点开展政务服务平台建设，打造高效协同的政务服务体系，着力倍增政务效能，深化推进与市民生活密切相关的公共服务信息化，为城市管理者提供更科学的决策支持。

二、建立高校、科研院所与企业互动创新发展机制

创新城区要加快引进高等院校、科研院所和企业在本区设立研究生院、应用类

研发机构或成果转化基地。科研院所管理体制要在现有基础上进行改革创新，对接市场，立足市场，完善法人治理结构，推行理事会领导下的科研院（所）长负责制，实行更加高效有序的企业化管理、市场化运营。注重科研成果的推广应用，充分发挥科研院所的科技成果转化功能，解决重复建设、缺少专项资金等问题，通过设立创业投资基金、组建成果转化平台公司等方式促进技术转移和创业孵化。提升高等院校和科研院所产业技术支撑能力，支持高校院所依托重点实验室、工程中心等创新平台建设产业技术研究院，通过自主研发、合同科研等方式，组织开展行业共性技术开发，孵化育成新兴产业。

三、建立创新城区的科技成果转化激励机制

为调动创新城区科技成果转化积极性，需对创新城区内的科技成果创新主体进行适当的放权和经济激励，允许高等院校和科研院所对其成果进行自主处置，按照实际情况进行转让、许可或作价入股，并简化科技成果的使用、处置程序，成果转化所得收入由单位自行支配和统一管理。每一项科技成果转化都会有若干单位和个人参与其中，因此如何对取得的收益进行合理分配将直接影响到科研人员和单位推动成果转化的积极性，因此需要建立健全科技成果转化收益分配机制，对做出重要贡献的人员和团队的奖励应不低于总收益的五分之四。科技成果的创造和转化是科研工作的主体和核心，应将这部分考核纳入科技人员职称评级制度内，作为职级考核的重要依据。

四、建立网络化、多元化的创业孵化生态体系

实施“互联网＋”行动计划，构建各领域便捷高效的信息感知和智能应用。扶持“新技术、新产业、新模式、新业态”的“四新”企业发展，重视企业技术、应用和模式创新，促进区域产业结构转型，将传统城区升级改造为“四新”城区。

构建多样化的创新创业服务平台，除了传统的孵化器、加速器，还应扶持众创空间、创业苗圃等新型创业服务机构，支持创建创业大学、创客学院，引导天使投资、创投基金等社会力量入驻，并给予一定的政策倾斜，通过改造存量商业商务楼宇、旧厂房等资源，降低建设和运营成本，打通产、学、研、用各个环节，推动创新成果更加有效地服务于实体经济。建立“创客”培养体系，从基础教育到高等教育、从校园到企事业单位，都应将创新创意的培养和实践作为一项基本内容，营造鼓励创新创意的社会氛围，引导大众尤其是年轻一代形成创新思维。

五、创新引才引智模式，吸引、留住、激发人才

实施更加积极的人才政策，建立更加灵活的人才管理制度，优化人才创新创业环境，充分发挥市场在人才资源配置中的决定性作用。丰富创新城区的多种功能，打造集生产、居住、教育、医疗、休闲等功能于一体的宜居宜业创新城区发展模式，吸引人才并留住人才，为创新城区的发展创造源源不断的生产力。创造公开、公平竞争和择优用人的环境，深化科技体制改革和企业改革，突出企业的技术创新主体地位，在企业内部建立创新激励制度，增强内部创新动力。继续加大创新教育投入，进一步深化创新创业教育体制改革，在创新创业教育体系和人才培养模式建设等方面取得实质性突破，充分发挥教育机构传播创新理念及培养创新人才的基础性作用。注重创新创业领军人物的培养，为创新创业型企业家定制专业化的培训计划，使其进一步开拓思维，增强变革、创新意识，扮演好创新引领者和推动者的角色。

六、完善投融资体制，强化金融扶持

完善支持创业投资发展的政策环境和退出服务机制。加大科技创新和创业支持资金投入，发挥财政资金的引导作用，吸引和推动社会资金开展创新创业投资。拓宽投融资渠道，培育天使投资人和创投机构，通过税收优惠等政策加大扶持力度，鼓励创投机构与科技企业孵化器等开展合作，引导其为孵化项目提供金融服务和创业指导支持。创新知识产权投融资方式，促进科技成果产业化。

（一）深入探索建设多层次资本市场服务体系

对于创新城区经济发展而言，多层次资本市场体系的创建和发展，具有增强区域经济抗风险能力、满足企业多样化融资需求的积极作用。要支持符合条件的优秀科技企业发行上市，全方位、多层次地挖掘上市资源，拓宽上市渠道，加强信息互联互通，整合地方政府、证券交易所、证券服务机构、投资机构、金融机构和媒体机构的优质资源，为创新城区科技型企业的股份制改造、发行上市、新三板市场挂牌等提供综合金融服务；加大激励措施，鼓励区内企业赴主板、创业板、中小板以及境外上市；定期举办相关培训、调研、论坛等活动，加强与国内外知名资本市场的交流与合作；不断完善中小科技企业债务融资市场，研究并帮助科技创新型企业发行公司债、短期融资债、中期票据等进行融资；依托各类产权交易机构，为非上市的科技型企业提供股份转让途径，同时提供未上市股份公司股权集中托管、转让、市场监管等配套服务。

（二）大力支持创业投资体系发展

1. 加快股权市场建设，完善创新城区创业投资环境。一要加强创业融资支持，以政府投入专项资金为引导，吸引以市场为主体的风投资金，建立多渠道的创业资金投入机制，完善支持创业投资发展的政策环境和退出服务机制。二要鼓励、引导和培育天使投资人和创投机构，给予必要的政策倾斜，吸引境内外有能力的个人和机构加入天使投资行列，加大宣传力度，营造有利于天使投资发展的区域氛围。三要鼓励创业投资机构与科技企业孵化器、加速器等机构开展合作，引导其对在孵项目提供金融服务和创业指导支持。四要鼓励社会力量、民间资本参与设立和运营众创空间、创客空间等创业孵化机构，探索低成本运作方式，由政府设立专项扶持资金，并在人才引进、土地使用等方面给予适当优惠。

2. 完善知识产权投融资体系，促进科技成果产业化。一要扭转传统融资观念，拓展知识产权投融资创新方式，优化知识产权金融发展环境，通过评估知识产权可能产生的未来现金流，允许知识产权质押、出资入股和融资担保，促进银行、证券、保险等金融行业加快完善知识产权金融服务体系。二要建立知识产权投融资配套服务体系，加强科技成果信息数据库建设，探索建立知识产权质押登记制度，健全知识产权价格评估体系；引导知识产权中介服务机构集聚发展，支持知识产权代理、价值评估、技术评价等中介服务业的发展；促进知识产权中介服务机构各类金融机构的合作。

（三）持续致力于金融产品与服务创新

1. 促进多种类型金融机构之间合作为企业提供融资服务。应引导各类金融机构和非金融机构间加强合作，对有特殊投资需求的客户提供有针对性的金融服务。一是促进银行和担保机构加强合作的深度和广度，联合开发新产品，拓宽营销渠道，共同解决中小企业融资难问题。二是大力倡导区内各家券商通过目标客户筛选和操作流程设计，为创新城区内的优质高新技术企业实现债券发行提供便利服务，真正建立以公司信用为支撑的企业债券市场。三是对于风险较大的高新技术企业，鼓励券商为其发行次级债券。

2. 推广科技保险，降低自主创新风险。科技企业和研发机构的超前性和内外部环境的不确定性决定了其与生俱来的高风险性，这种资本创新风险不仅会带来经济损失，更是阻碍了社会资本进入，加大机构的融资难度。自主创新风险普遍存在，可能产生于研发、生产、销售、人员、贸易链等各个经营管理环节，迫切需要专业的保障方式来分散风险，吸引更多资本和人才进入创新行业。

3. 建立信用评级体系，推动科技型中小企业可持续发展。近年来，科技型中小企业的快速发展为我国经济增长和社会进步注入了新的动力，但融资难依然是阻碍其发展的重要因素，造成这个问题的瓶颈在一定程度上归咎于科技型中小企业信用评级体系的不完备，信息不对称、信用环境差加剧了企业的信用风险，亟须研究并建立一套基于科技型中小企业发展特点的信用评级体系，科学、客观、公正地对其进行信用评级，为各种渠道的资金进场提供依据，推动科技型中小企业可持续发展。

参考文献

约瑟夫·熊彼特.经济发展理论[M].华夏出版社,2015.01:56.

王蕾,曹希敬.熊彼特之创新理论的发展演变[J].科技和产业,2012(06):87.

张凤.国家创新系统的起源与演化[J].科学新闻,2001,(15):7+6.

黄平利,周凌峰.国家创新体系理论综述[J].湖北行政学院学报,2007,(S2):25-26.

布朗温·H.霍尔等.创新经济学手册(第二卷)[M].上海:上海交通大学出版社,2017.07.

王蕾,曹希敬.熊彼特之创新理论的发展演变[J].科技和产业,2012,12(06):84-88.

桑媛媛.区域创新体系理论综述[J].现代商贸工业,2009,21(01):100-102.

文魁,徐则荣,制度创新理论的生成与发展[J].当代经济研究,2013(07);52-56.

杜勇宏.基于三螺旋理论的创新生态系统[J].中国流通经济,2015(01).

李星洲,李海波.我国政产学研合作的新型组织模式研究——以山东省临沂市科学技术合作与应用研究院为例[J].科技进步与对策,2012(11).

刘红光,刘科伟,张继飞.国外推进自主创新的政策模式及其对我国建设创新型城市的启示[J].科学学与科学技术管理,2006,(11):16-21.

Marilyn Higgins.Contributing to Quality of Life Planning-Community Development Investment. Review[R]. Federal Reserve Bank of Sanfrancisco,2017.

BEN YOUNG. Midtown Atlanta's Innovation District [EB/OL].http://georgiatrendblog.com/midtown-atlantas-innovation-district/,2015-6-17.

Chip Rogers.Innovation districtcoming to midtownAtlanta [EB/OL].http://archive.gpb.org/blogs/georgia-works/2013/04/24/innovation-district-coming-to-midtown-atlanta,2013-4-24.

屠启宇.波士顿实践:创新城市直接充当"调结构"驱动力[N].中国经济导报,2016-09-30(B03).

Carol Todreas .Innovation district: Cutting edge with retail at Kendall Square in

Cambridge [EB/OL]http://nerej.com/innovation-district-cutting-edge-with-retail-at-kendall-square-in-cambridge-by-carol-todreas,2015-8-28.

屠启宇，波士顿实践：创新城市直接充当“调结构”驱动力 [N]. 中国经济导报，2016-09-30(B03).

Mikel Murga .Kendall Square: Lessons Drawn from Its Past Development to Guide Its Future Completed[R]. New England University Transportation Center,2015-12-31.

李华晶，汤津彤，张玉利．美国圣路易斯大学创业中心团队管理及其对创业教育的启示——基于学术创业的视角 [J]. 学术论坛，2015,38(05):162-165.

Scott Andes, Mitch Horowitz, Ryan Helwig, and Bruce Katz.Capturing the next economy: Pittsburgh's rise as a global[R]. Bass Initiative on Innovation and Placemaking innovation city,2017-9.

Scott Andes, Mitch Horowitz, Ryan Helwig, and Bruce Katz.Capturing the next economy: Pittsburgh's rise as a global[R]. Bass Initiative on Innovation and Placemaking innovation city,2017-9.

Deb Smit.Innovation Oakland takes the region to the next digital level[Z].http://www.popcitymedia.com/innovationnews/obid0113.aspx, Georgia Petropoulos Muir,2010-1-11.

Danielle D’Ambrosio.Seaport:The Innovation District Hits Its Stride[EB/OL]. http://www.linkedin.com/pulse/seaport-innovation-district-hits-its-stride-danielle-d-ambrosio,2017-1-31.

Real Estate News: Proposed Projects for Boston's Seaport District[EB/OL].http://www.gibsonsothebysrealty.com/blog/2012/04/18/real-estate-news-proposed-projects-for-bostons-seaport-district/,2012-4-18.

郑志峰．浅析硅谷高科技园区发展对我国科技产业管理的影响 [J]. 中国科技信息，2014,(02):151-152.

李锺文等．创新之源 – 硅谷的企业家精神与技术革命 [M]. 北京：人民邮电出版社，2017（06）:41.

牛司凤，郗海霞．高校与区域协同创新的路径选择——以美国北卡罗来纳州“研究三角园区”为例 [J]. 高教探索，2014,(06):5-10.

田力普．知识产权保护是自主创新的重要环节 [N]. 经济日报，2005-12-09(005).

王雪红．完善知识保护体系助推园区跨越发展 [J]. 中国高新区，2014,(04):138-141.

李治堂，高海涛．北京市海淀区创新型城区建设模式分析 [J]. 科研管理，2013,34(S1):265-270.

渤海聚焦 [J]. 环渤海经济瞭望 ,2016,(04):60-62.

吴传清 , 龚晨 . 上海杨浦建设国家创新型试点城区的实践 [J]. 中国国情国力 , 2015,(11):42-44.

俞崇武 . “杨浦国家创新型试点城区建设”吹响号角 [J]. 华东科技 ,2011,(09):50-51.

吴传清 , 龚晨 . 上海杨浦建设国家创新型试点城区的实践 [J]. 中国国情国力 , 2015,(11):42-44.

张健 . 天津滨海新区创新型城区创新基础与展望 [A]. 武汉大学 , 2010:4.

彭小兵 , 蒋怡嘉 . 重庆金融支持沙坪坝区“国家创新型试点城区”建设研究 [J]. 中国市场 , 2012,(11):49-55.

打造“中国硅谷”——深圳创新驱动发展情况综述 [J]. 中国科技奖励 , 2016,(11):52-54.

李永华 . 坚持自主创新战略的深圳实践 [J]. 行政管理改革 , 2016,(09):54-58.

深圳国家创新型城市十项重大工程 [J]. 中国科技投资 , 2009,(09):22-25.

王海荣 . 科技创新这一年从跟跑、并跑向领跑迈进 [N]. 深圳商报 , 2016-12-16(A03).

卢照 . 以空间为媒介 : 从浦东的“空间记忆”到迪斯尼乐园的“消费空间”[J]. 新闻界 , 2016,(15):2-7.

姜晔 , 吴殿廷 . 在学习中超越——滨海新区借鉴浦东新区经验加快经济发展 [J]. 北方经济 , 2008,(19):54-56.

张小涵 . 新常态下山东省区域发展模式创新 [J]. 企业导报 , 2016,(11):74.

吴浪 , 任晏黎 . 从“科技园区”到“创新城区”转型 [J]. 科技创新与品牌 , 2010（6）.

黄立新 . 实施创新驱动发展战略 , 加快推进创新型省份建设 [J]. 山东农业工程学院学报 , 2014,31(03):87-89.

张占斌 , 孙秀亭 . 创新城区是建设创新型国家的重要载体 [N]. 中国经济时报 , 2017-06-14(005).

屠启宇 . 国际城市蓝皮书 : 国际城市发展报告 (2015)[M]. 北京 ; 社会科学文献出版社 , 2015(01)。

李峰 . 150 平方公里生态城加速科技成果“一站式”转化 [N]. 中国企业报 , 2015-07-14.

张瀚彬 , 张勇 . 德州市科技金融产业融合创新工作初探 [J]. 知识经济 ,

2017,(11):51.

张瀚彬，张勇．德州市科技金融产业融合创新工作初探[J]. 知识经济，2017,(11):51.

张瀚彬，张勇．德州市科技金融产业融合创新工作初探[J]. 知识经济，2017,(11):51.

王玉君，王策，喻明辉．徐州市建设区域性产业科技创新中心的路径研究[J]. 江苏科技信息，2016,(36):7.

杨书林．站在新起点 抓住新机遇 努力实现科技事业新发展[J]. 安徽科技，2011,(05):19.

温州市人民政府办公室．温州市人民政府办公室关于加快科技服务业发展的实施意见[Z]. 2012-06-28.

黄佳杰．建设大美历下现代历下幸福历下[N]. 济南日报，2016-01-12(005).

许云等．北京市海淀区创新型城区建设研究[M]. 北京：人民出版社，2011.03.

后 记

为促进创新驱动发展战略实施，推动区域创新系统的构建和实施，需要组织开展区域创新相关课题研究，为政府决策提供智力支撑。2016年，山东行政学院承担了山东省软科学重点课题“山东创新城区建设路径与对策”的研究任务，本书即是此课题研究的最终成果之一。山东省科技厅、省软科办有关领导对课题研究提出了许多有益的思路意见，并在实地调研、工作协调方面给予了大力支持。山东行政学院领导也非常重视课题研究的工作，党委书记、常务副院长王卫东，副院长邵华多次听取课题工作汇报并做出指示，并将课题列入学院2017年度创新工程科研咨询项目，给予专门支持。学院科研处刁厚勤处长、财务处王秀丽处长、科研处李志文老师等从课题管理、经费方面给予了大力扶持。课题组深感责任重大，组织有关骨干人员认真开展研究工作。

在有关领导和单位、部门的大力支持下，经过周密的实地调研和深入的理论探讨，其间课题组成员多次修改，十数易其稿，历时一年，形成了本书的最终稿。其中，第一章由窦玉鹏、孙秀亭撰写；第二章由翟亚坤撰写；第三章由王奕茗撰写；第四章由徐志达撰写；第五章由曹文超撰写；第六章由曹文超、孙秀亭撰写。全书由孙秀亭统稿，王景强、朱仁奎、李燕核校审定。郝勇强、余志林、孟庆辉负责搜集整理相关材料和调研数据，也付出了大量时间精力。

本书撰写过程中，得到了国家行政学院经济学部主任张占斌教授的悉心指导。张占斌教授对于课题研究的思路、技术路线和本书的框架都提出了宝贵的意见和建议，对创新城区相关问题作了深入研究并发表了相关研究文章。山东省科技发展战略研究所李海波博士对本书的框架结构和部分内容也提供了非常有价值的建议。在此，对张占斌教授和李海波博士表示真诚的感谢。

在实地调研和访谈过程中，济宁市任城区、德州市生态科技城、潍坊市奎文区、济南市历下区的领导和有关部门给予了大力配合，山东省科技厅社会发展科技处孙高祚处长、李连文主任，省软科学办公室廉荣主任等有关领导和工作人员也予以大力支持和积极协调，在此一并致谢。

真诚感谢山东科技出版社、大众网有关领导对本书的关心支持，感谢编辑们专业细致的辛勤劳动。

限于水平，书中难免有遗漏和不足之处，敬请读者批评指正。书中涉及的有关文献和观点，我们尽可能详尽地列明出处和作者，如有遗漏或影响到作者的权益，在此致歉并敬请随时联系我们。

孙秀亭

2017 年 12 月